JN297616

ネイティブが教える
ほんとうの英語の助動詞の使い方

デイビッド・セイン *David A. Thayne*
古正佳緒里 *Kaori Furusho*

研究社

Copyright © 2014 by AtoZ

ネイティブが教える
ほんとうの英語の助動詞の使い方

Mastering English Helping Verbs

PRINTED IN JAPAN

はじめに／本書の内容

　研究社の『ネイティブが教える』シリーズでは、すでに動詞、冠詞、形容詞についての本を出版していますが、大変うれしいことに、今回は助動詞についての本をお届けできることになりました。
　助動詞は、本動詞では表わしきれない微妙なニュアンスを補う役目を担います。主語（話し手や書き手）の意思や能力、義務、さらには可能性や許可、推量などを表現するため、日本人のみなさんにはなかなか理解するのがむずかしいかもしれません。
　たとえば、職場で「これを明日までに仕上げなくちゃ」と言う場合、どう表現しますか？

I *must* finish this by tomorrow.

　このように、must を使って表現する人もいると思います。しかし、ネイティブスピーカーは、まずこう言いません。これでは、「これを明日までに絶対に仕上げねばならないのだ」に近い、かなり大げさな表現になってしまうからです（51 ページ参照）。
　みなさんは must ＝「…しなければならない」と学校で習ったかもしれませんが、この助動詞は実は「（絶対に［何があっても］）…せねばならないのだ」に近い、かなり大げさな義務や必要性を表現します。また、must にはこれ以外にも「…に違いない」や「ぜひ…してください」といったさまざまな意味があります。助動詞 1 語にもたくさんの意味があり、それが状況によってまったく異なるニュアンスでも使われますから、油断できません。
　助動詞は「話し手の気持ちを表わす品詞」と言われ、細やかな感情を表現できますが、それがまたこの品詞の理解と使い方をむずかしくしているのです。
　では、そんな助動詞をネイティブはどのように使っているのでしょうか？　実は日常的な会話で使われる「決まり文句」を頭に置いて用いていることが多いように思います。本書の執筆にあたって、多くのネイティブに話を聞いてみました。すると、みんな一様に、「どうしてこのフレーズでこの助動詞を使うかなど、考えたこともないよ。『こう表現する場合はこう言うんだ』と、決まり文句やセットフレーズを思い浮かべ

て使っているだけだ」と言いました。ひょっとすると、日本人の熱心な英語学習者の中には、ネイティブ以上に助動詞に関する文法知識をお持ちの方もいるかもしれません。しかし、この「こういう時にはこの助動詞だ」という「ネイティブの感覚的な助動詞の使い方」をつかまない限り、この品詞を完全に使いこなすのはむずかしいかもしれません。

たとえば、ネイティブは日常的に次のような会話をします。

A: I'***m going to*** (go to) the convenience store. Do you need anything?
B: We need some fruits and vegetables.
A: OK, I'***ll*** go to the grocery store.

will と be going to はイコールだ、と思っている人もいるでしょう。しかし、ネイティブは理由があって、この2つを使い分けています（答えは 94-95 ページ）。

また、次の2つの助動詞を使った表現は、どんな意味になるでしょうか？

The food ***couldn't*** have been better. （答えは 24 ページ）
Wouldn't it be nice. （答えは 113-114 ページ）

上級レベルの英語学習者も、こうした英語表現を瞬間的に理解するのはなかなかむずかしいかもしれません。しかし、ネイティブは感覚的に瞬時に理解しますし、日常で普通に使っています。

本書で、このネイティブの感覚的な助動詞の使い方をぜひ身につけていただきたいと思います。

●第1章「助動詞の使い方」

ネイティブがおもに使う9つの助動詞を中心に、そのさまざまな意味と使い方を明解な例文とともに解説しました。ネイティブがそれぞれの助動詞のニュアンスをどのようにとらえ、どのように伝えているかも、可能な限り説明しました。一般的な辞書や参考書に載っている用法をほぼ網羅したため、あえて現在あまり使われない古い英語表現も収録しました。

また、そのまま覚えて使っていただくのがいいと思われる「定型表現集」を、各助動詞の項目の末尾にまとめました。ここには、実践的な使い方がわかるように、古い表現とあわせて、一般的な表現も併記しました。⇨マークの付いた文が、現在広く用いられている言い方です。助動詞の使い方は、アメリカ英語とイギリス英語では異なります。本書はアメリカ英語を中心に例文を挙げました。ただし解説中には、可能な限りイギリス英語についての情報も盛り込みました。

●第2章「助動詞の比較」
　これをご覧いただければ、たとえ同じ文でも、助動詞が違うだけでどれだけニュアンスが変わるのか、よくわかるはずです。たとえば、It could rain tomorrow. / It may rain tomorrow. / It might rain tomorrow. / It should rain tomorrow. / It will rain tomorrow. などの例文を比べてみれば、「雨が降る確率の違い」がわかり、それぞれの助動詞の微妙なニュアンスがつかめるでしょう。

●第3章「助動詞の問題」
　実際にどのように助動詞が使われているかの参考として、今も残る著名人の名言を紹介します。名言を味わいながら、自分の助動詞感覚を試してみてください。

　本書の企画から編集まで、今回も研究社の金子靖さんには、大変お世話になりました。執筆にあたり、助動詞1つひとつの意味合いや用例について、英語に関する豊富な知識と、この言語の大変な運用能力をお持ちの金子さんと何度も対話を繰り返し、何度もメールをやり取りしました。おかげで私も普段意識しないようなことを考えてみることができましたし、日本人の英語学習者に有益と思われる情報を本書にたくさん盛り込むことができたと思います。
　また、編集段階では、高見沢紀子さんにもお世話になりました。高見沢さんのたくさんの貴重なご指摘のおかげで、本書の内容はさらに充実したものになりました。お2人に深く感謝申し上げます。
　みなさんが英語の助動詞に関するさまざまな疑問を解消する上で、本書を役立てていただけるようなことがあれば、著者としてこれほどうれしいことはありません。

2014年2月　デイビッド・セイン

目次

▶ はじめに／本書の内容　iii

■ 第1章　助動詞の使い方　1

can　2

- 能力があって可能な場合　3
- 条件によって実行可能な場合　3
- 「可能（性）・推量」を表わす can　3
- 「自発性」や「提案」を表わす can　4
- 「過去の否定の推量」を表わす cannot [can't] have + 過去分詞　5
- 「許可」を表わす can　5
- 「許可」を表わす can と may の違い　6
- 「許可表現」の程度の違い　7
- 「依頼」を表わす Can you ...?　8
- 「依頼表現」の程度の違い　9
- 「未来の可能」を表わす can　10
- can と be able to の違い　10
- can の慣用表現　12

could　16

- 「仮定」を表わす could　16
- 「提案・助言」を表わす could　17
- 「可能（性）・推量」を表わす could　18
- 「可能性表現」の程度の違い　18
- could possibly ...　19
- 「否定」を表わす could not [couldn't]　20
- 「過去の可能（性）・推量」を表わす could have + 過去分詞　21
- 「過去の仮定法」を表わす could have + 過去分詞　21
- 「現実とは反する内容」を表わす could / might / should / would + have + 過去分詞　21

- ■ could not［couldn't］＋ 動詞の原形 ＋ 形容詞の比較級　22
- ■ could not［couldn't］have been ＋ 形容詞の比較級　24
- ■ could と was［were］able to の違い　25
- ■ 「自発性」や「提案」を表わす can と could の違い　26
- ■ Could you ...? と Could I ...?　27

may　32

- ■ 「許可」を表わす may　33
- ■ 「丁寧な命令・依頼」を表わす May I ...?　35
- ■ 「不許可」を表わす may not　36
- ■ 「譲歩」を表わす may　37
- ■ 「願望・祈願」を表わす may　37
- ■ 「可能性・推量」を表わす may　38
- ■ 「過去に対する不確実な推量」を表わす may have ＋ 過去分詞　39
- ■ 「義務の推量」を表わす may have to　39

might　42

- ■ 「過去の可能性・推量」を表わす might have ＋ 過去分詞　43
- ■ 「過去の仮定法」を表わす might have ＋ 過去分詞　43
- ■ 「不満」を表わす might　44
- ■ 「提案・依頼」を表わす might　44
- ■ 「不確実な気持ち」を表わす might　44
- ■ 「許可」を表わす Might I ... ?　45
- ■ May I ...? と Might I ...? の違い　45
- ■ may as well と might as well の違い　45

must　51

- ■ 「義務・必要」を表わす must　52
- ■ must と have to の違い　53
- ■ have to と同じ意味で使われる have［'ve］got to　55

- ■ 客観的必要性を示す need to　55
- ■ 「義務・必要」の否定表現の比較　56
- ■ 「必然性・確実性の推量」を表わす must　58
- ■ 「勧誘・思いやり」を表わす must　59
- ■ 「残念な思い」を表わす must　61
- ■ 「固執・主張」を表わす must　61
- ■ 「必然性・運命」を表わす must　62
- ■ Must I ...? の返事　62
- ■ No, you must not ［mustn't］. はどんな状況で使う？　64
- ■ 名詞の must　65

shall　68

- ■ 「義務・意志」を表わす shall　68
- ■ 「話し手の意志」を表わす You [He / She] shall ...　68
- ■ 「命令・禁止」を表わす shall　69
- ■ 「丁寧な勧誘」を表わす shall　69
- ■ 「未来」を表わす shall　70
- ■ 「予測・予言・運命」を表わす shall　70
- ■ 「意向」をたずねる Shall I ...?　70
- ■ Let's ... と Shall we ...? の違い　71
- ■ 技術英語における shall と will の違い　72

should　75

- ■ 「義務・当然・助言」を表わす should　76
- ■ 「過去の行動を悔やむ」should have ＋ 過去分詞　76
- ■ should と ought to の違い　77
- ■ should と had better の違い　77
- ■ 「義務・当然・助言」の表現の比較　79
- ■ 「推定・見込み・期待」を表わす should　80
- ■ 「義務・必要性」を表わす I should ... の本音　80
- ■ 「提案」を表わす You should ... の本音（You should ... instead of ... ）　81

- ■「婉曲的な提案」を表わす Maybe you should ...　82
- ■「せめてもの提案」を表わす You should at least ...　83
- ■「確実度の高い推測」を表わす should have ＋ 過去分詞　84
- ■　仮定法で「仮定の結果」を表わす should　84
- ■「願望」を表わす I should ...　85
- ■　that 節の中で用いられる should　85
- ■「仮定の話」を表わす should　86
- ■「驚き・苛立ち」を表わす疑問詞 ＋ should　87

will　91

- ■「未来（単に未来［の時制］を示すものと、主語の意志を示すもの）」を表わす will　91
- ■　口語の I will と I'll　92
- ■　未来の出来事を示す will［'ll］と be going to の違い　93
- ■　主語が 3 人称の「意志を示す表現」　96
- ■「依頼・勧誘」を表わす Will you ...?　97
- ■　Will you ...? をネイティブが避ける理由　97
- ■　Will you ...? と Are you going to ...? の違い　98
- ■「推量」「習慣・習性」「常識」を表わす will　99
- ■「命令」を表わす will　99
- ■「可能」「適正・能力」を表わす will　99
- ■「特性・原理・必然性」を表わす will　100
- ■「未来進行」を表わす will be ＋動詞の ing 形　100
- ■「未来完了」を表わす will have ＋ 過去分詞　101
- ■　条件節に will は使わない　101

would　107

- ■「過去の習慣」を表わす would　107
- ■「過去の習慣」を表わす would と used to の違い　107
- ■「目的」を表わす would　109
- ■「苛立ち」を表わす would　109
- ■「過去の拒絶」を表わす would not [wouldn't]　109

- ■ 「注文」を表わす I'd like ＋ 名詞　110
- ■ 「許可」を求める Would it be all right if I ...? / Would it be okay if I ...?　110
- ■ if ＋ 仮定法過去で用いられる would　111
- ■ if ＋ 仮定法過去完了で用いられる would　111
- ■ without ... や but for ... などの条件・仮定を示す句とともに用いられる would　112
- ■ 「意向・願望」を表わす would　112
- ■ 「控えめな推量」を表わす would　113
- ■ 「控えめな推量」を表わす You would [you'd] ...　113
- ■ 「ネガティブな推量」を表わす would [wouldn't]　113
- ■ 「控えめな意向」を表わす I would ［I'd］ ...　114
- ■ I wish とともに用いられる would　115
- ■ 「依頼」を表わす Would you (please) ...?　115
- ■ 「勧誘」を表わす Would you ...?　116
- ■ 「仮定」を表わす Would you ...?　117
- ■ 「意向」をたずねる Would you like to ...?　117
- ■ 「願望」を表わす I would like to ...　117
- ■ 「願望」を表わす would have ＋ 過去分詞　118
- ■ would rather ... (than) ...　118

おまけの助動詞　dare　124

■ 第2章　助動詞の比較　127

■ 第3章　助動詞の問題　165

第 1 章

助動詞の使い方

can

　canといえば「…することができる」と習ったと思います。しかし、この「できる」（可能）という表現にも、いくつか種類があることを意識している人は少ないようです。早速ですが、まずは簡単な質問から。
　海外支社の人が日本にやって来ました。「あなたは英語を話せますか？」と聞く場合、次のどちらが自然な聞き方でしょうか？

A: Can you speak English?
B: Do you speak English?

　どちらも文法的には問題ありませんが、正解はBの Do you speak English? です。Bなら嫌味なく、「相手が英語を話すかどうか」を確認することができます。
　日本語が「…できる（ここでは「話せる」）」という言い方をするため、このような場合、つい Can you speak English? と言ってしまう人がいるのですが、Do you ...? とたずねるほうが、より丁寧で自然です。
　動詞の現在形は「習慣的な行為」を表わします。「言葉を話すかどうか」という「日常の習慣的な行為」についてたずねるなら、Do you speak English? で、「あなたは（習慣として）英語を話しますか？」という意味合いになります。能力ではなく、「習慣としてそれをするかどうか」をたずねているのです。
　一方、Can you speak English? は「あなたは英語を話すことができますか（それだけの能力がありますか）？」という「英語を話す能力の有無」をたずねる質問になり、受け止め方によっては失礼に思われてしまいます。

日本語では習慣も能力の有無も「話せますか？」と表現するために起こる間違いですが、英語の**助動詞は話し手の気持ちを表わす**ため、場合によっては、ネガティブなニュアンスに取られてしまう可能性があります。
　この例文などは中学英語で学ぶようなものですが、助動詞によるニュアンスの違いを知るにはいい例といえます。
　can が表わす「できる」(可能)の使い方は、大きく分けて次の２つになります。

■能力があって可能な場合

　もっとも一般的な「できる」で、**必要とされる能力（知識や体力など）があって可能な状態**を表わします。

　He *can* speak English.
　彼は英語を話せる。　※英語を話すだけの能力がある。

■条件によって実行可能な場合

　条件があてはまった場合に、実行が可能な行為を表わします。「…なら…できる」という文で使うことが多いです。

　I *can* go swimming on Sunday if it doesn't rain.
　雨が降らなければ日曜日は泳ぎに行ける。　※条件があてはまれば可能になる。

　これらは、一般的な can の使い方です。しかし can は、「できる」だけではありません。どちらかといえば、そのほかの使い方のほうが多いともいえます。
　では、さらに can のさまざまな使い方を見ていきましょう。

■「可能（性）・推量」を表わす can

　肯定文で can が使われる場合、「…が可能である」「…がありうるかもしれない」という可能（性）・推量を表わします。ある状態や状況が実現可能だということを表わすため、よく **can be** の形で使われます。

You ***can*** be a star in the future.
きみは将来スターになれるよ。

　この can が否定文や疑問文で使われる場合、**驚きや疑念**を表わすことがあります。では、次の文はどんな日本語にすればいいでしょうか？

It ***can't*** be true.

　ネイティブの解釈はこうなります。

　△　それは本当ではない。
　○　それはありえない。

　can't は「…であるはずがない」というやや強い否定になるため、ネイティブのニュアンスは「それはありえない」くらいの**驚きを含んだ否定表現**となります。では、次はどうでしょう？

Can we succeed?

　これは「われわれは成功できるか？」というより、「はたしてわれわれは成功するだろうか？」としたほうが自然です。
　疑問文の場合、「(一体) …だろうか？」と強い疑念のニュアンスを示す表現になることを覚えておきましょう。

■「自発性」や「提案」を表わす can
　自分は「…できます」「…をしましょうか？」と、**自発性**を示すこともあります。

I ***can*** pick you up at your home if you like.
よかったら車であなたの家に迎えに行けますよ。

■「過去の否定の推量」を表わす cannot [can't] have ＋ 過去分詞

では、cannot [can't] have ＋ 過去分詞の文は、どんな日本語にすればいいでしょうか？

She *can't* have done it by herself.

△ 彼女はそれを1人でできなかった。
○ 彼女がそれを1人でできたはずがない。

cannot [can't] have ＋ 過去分詞で、「…したはずがない」という過去に対する強い否定の推量を表わします。**話し手の納得できない気持ちを示す、かなりキツい言いまわしです。**

ただし、実際のところ、cannot [can't] have ＋ 過去分詞はあまり使われず、**ほとんど couldn't have ＋過去分詞で代用**されます。そのため、上の例文も、次のような言い方が一般的です。

⇨ She *couldn't* have done it by herself.
　彼女がそれを1人でできたはずがない。

■「許可」を表わす can

can が許可を表わす場合「…してもよい」という意味になり、くだけた表現として、日常会話では頻繁に使われます。

許可というと、may をいちばんに思い浮かべる人が多いようです。しかし may はかしこまった言葉のため、「…していいよ」と肯定文で人になんらかの**行為を許す場合、たいてい may ではなく can を使います。**

また、話し手と聞き手が同等の立場でいる場合、You can ...（…していいよ、…できます）と言えば、気軽な話しかけの表現にもなります。

You *can* always count on me.
　いつでも頼っていいよ。

You *can* ask me anything.
何でも言って。

また、規則や法律などでなんらかの行為を許可する場合も、You can ... を使います。次の文のように、マニュアルなどでもよく見かける言い方です。

You *can* add programs through the startup folder.
スタートアップ・フォルダからプログラムを追加できます。

■「許可」を表わす can と may の違い

　can と may はともに許可を表わしますが、Can I ...? と May I ...?, また You can ... と You may ... は、それぞれニュアンスが異なります。
　決まり文句は別として、一般的に may は店員と客、上司と部下、親と子供など、**話し手と聞き手が上下関係にある場合**に用います。それ以外の場合で使うと、やや古くさい英語に聞こえます（33 ページ参照）。
　一方、can は話し手と聞き手が対等な関係にある場合に使うため、**よりくだけた表現**になります。
　では、次の文をそれぞれ助動詞のニュアンスを出して日本語にすると、どうなるでしょうか？

1. You *can* use this dictionary.
2. You *may* use this dictionary.

ネイティブの感覚ではこうなります。

1. この辞書を使っていいよ。
2. この辞書を使ってもかまわないよ。※上から目線で許可する言い方。

次は許可を求める際のフレーズです。

1. ***Can*** I use this dictionary?
2. ***May*** I use this dictionary?

1. この辞書を使ってもいい？
2. この辞書を使ってもいいでしょうか？　※目上の人にお願いする言い方。

接客時の定番表現といえば、**May I help you?**（お手伝いしましょうか？／何かお探しですか？／ご用件を承ります）です。
　Can I help you?（手伝おうか？／どうかした？／何でしょう）と比べると、May I ...? は、よりへりくだった印象になるため、店員の対応としてはこちらが一般的です。Can I ...? はカジュアルな表現となるため、客との関係が親密な場合に使うと考えればいいでしょう。

■「許可表現」の程度の違い
　許可を求める表現には、ほかに Could I ...? もあります。Can I ...? より丁寧で控えめな表現となるため、職場で上司に許可を求めるような際よく使われます。許可を求めるフレーズはいろいろとありますが、代表的なものを比較すると、フォーマルな表現から順に次のようになります。

May I ask you to turn on the light?
電気をつけていただけますか？　※目上の人にお願いする時に使うかしこまったフレーズ。

Could I ask you to turn on the light?
電気をつけてもらってもいいですか？　※丁寧にお願いする時に使うフレーズ。

Can I ask you to turn on the light?
電気をつけてもらえますか？　※身近な人にちょっとしたお願いで使うフレーズ。

　一方、「…してはいけない」と許可できない場合（不許可）は、cannot［can't］の否定形を使います。この場合、「…してはいけない」（不許可）と「…できない」

（能力）、「…のはずがない」（可能性・推量）の３つの意味になります。

You *can't* arrest me.
あなたに私を逮捕する権利はない。［不許可］／あなたは私を逮捕できない。［能力］／私を逮捕するはずがない（そんなことをされたら困る）。［可能性・推量］

同じ文なのに３通りの受け取り方ができる場合、どれが正しいのか迷いますよね？　どれになるかは、前後関係や口ぶりなどから判断するしかありません。このような場合、ネイティブですら迷うものです。

■「依頼」を表わす Can you ...?

Can I ...? の立場を逆にして、**Can you ...?** と相手にたずねれば、「…してもらえる？」という依頼表現になります。過去形の could を使い、**Could you ...?** とすれば、より丁寧な依頼です。

Can I ...? と同様に、Can you ...? は身近な相手に軽く何かを頼む時、Could you ...? はそれより少し丁寧に何かをお願いしたい時、と考えるといいでしょう。比較すれば、このようなニュアンスになります。

***Can* you ask her to call me?**
電話をちょうだいって、彼女に言ってもらえる？

***Could* you ask her to call me?**
電話をくださいと彼女に伝えてもらえますか？

一方、否定の疑問文となる Can't you ...? は、日本語の「…してもらえない？」とイコールとはいえません。日本語の「…してもらえない？」は穏やかな表現ですが、英語の Can't you ...? は「…してもらえないの？（まったく）」という苛立ちの含まれた表現になる場合がほとんどです。

Can't you make up your mind?
決心できないの？（はっきりしなさいよ）

　Can't you ...? は相手を否定するような言い方にも聞こえるので、人に何かをしてもらいたいのであれば、Can you ...? や Could you ...? を使うようにしましょう。

■「依頼表現」の程度の違い
　人に何かをお願いする時、依頼する相手や内容の困難さにより、依頼表現を変えなくてはいけません。ここでざっとその程度を比較してみましょう。
　依頼表現には、Can you ...? / Could you...? / Will you...? / Would you ...? / Would you mind...? などがあります。気軽なものから順に並べれば、大体次のようになります。

Will you open the window?
窓を開けてくれる？　※親しい間柄で使う言いまわし。

Can you open the window?
窓を開けられる？　※親しい間柄で使う言いまわし。

Would you open the window?
窓を開けてもらえますか？　※丁寧な言いまわし。

Could you open the window?
窓を開けていただけますか？　※丁寧な言いまわし。

Would you **mind** opening the window?
窓を開けていただいてもよろしいでしょうか？
※丁寧すぎて場合によってはやや失礼にも聞こえる言いまわし。

「窓を開けてもらえる？」くらいの気軽な表現でいい場合に、Would you mind opening the window? だと、簡単なお願いのわりに丁寧すぎて、かえって違和感を覚えます。

「失礼な表現より、丁寧すぎるくらいの言いまわしのほうがいいのでは？」と考えるかもしれませんが、Would you mind ...? までへりくだって言うと、相手も断りづらいものです。何事もほどほどが大切で、英語でも**相手が断ることができる余地を残して質問する**」のがいいと思います。

「窓を開けてもらえる？」の場合は、Can you open the window? や、Could you open the window? くらいの言いまわしが適切です。Can you ...? にするか、Could you ...? にするかは、相手との関係で決めるといいでしょう。

状況にもよりますが、丁寧さや相手の断りやすさなどを考えると、**一般的に Could you ...? がもっとも無難な依頼表現**といえます（Will you ...? や Would you ...? に関しては、will, would の各項目を参照）。

■「未来の可能」を表わす can

「can で未来？」と意外に思うかもしれませんが、**未来の時点で可能かどうかを表現できます**。

Can you come to the party tonight?
今晩、パーティに来られる？

このように、**直近の出来事が可能かどうかを気軽にたずねる場合、can** が有効です。「今晩、パーティに来られる？（状況はどう？ ほかに予定は入ってる？）」と、状況的に可能かどうかを表わします。

ただし、あまり先の予定の場合、can ではなく、be able to を用います。

■ can と be able to の違い

能力を表わす can の代わりに、be able to を用いることもできます。

can と be able to の使い分けの第 1 は、「**助動詞を連続して使えないので、ほかに助動詞を使う場合は can を be able to にする**」ということ。

たとえば「…できるだろう」という未来の可能を表わす場合、will と can をつづけて使うことはできません。**助動詞のあとには動詞の原形が来るため、ほかの助動詞とともに can は使えないのです。**そんな時、can の代わりに「…できる」の意味を表わす **be able to** を用います。

× I'll *can* catch the train.
○ I'll *be able to* catch the train.
その電車に乗れると思う。

完了形の場合も同じで、have や has のあとに can をつづけることはできないので、have［has］been able to do となります。
また、実際に何かができることを形式張って強調する場合、あえて be able to を使う場合があります。

My child *is able to* choose and put on her own clothes.
うちの子は自分の服を選んで着ることができます。

一般的に、無生物主語の場合は be able to ではなく can を使うことのほうが多いようです。余談ですが、無生物主語に動作を表わす動詞を使うことに躊躇する人がいますが、実はネイティブは頻繁に使います。無生物主語で動作を表わすと、非常にいきいきとした表現になるからです。

My smartphone *can't* connect to a Wi-Fi network.
スマートフォンが Wi-Fi につながらない。

This car *can* go 300 km/h.
この車は時速 300 キロで走れる。

※ be able to の過去形については 25 ページを参照。

■ can の慣用表現

　can の慣用表現には次のようなものがあります。慣用表現はフレーズでそのまま覚えるのがいちばんです（ネイティブもそうしています）。音読して覚えるようにしましょう。

- can't but ＋ 動詞の原形 / can't help but ＋動詞の原形 /
  can't help ...ing（…せずにいられない）

　I *can't* but / *can't* help but fall in love with you.
　I *can't* help falling in love with you.
　好きにならずにいられない。

- can't ... too / can't ... enough（…しても…しすぎることはない）

　You *can't* be too careful.
　注意はするに越したことはない（念には念を入れよ）。

　I *can't* thank you enough.
　感謝してもしきれない。

　can の使い方が大体理解できたら、定型表現集でニュアンスをつかみましょう。

can の定型表現集

　canを使った定型表現を紹介します。いずれもネイティブがよく使う言いまわしですから、そのまま覚えるようにしましょう。

I can appreciate your concern.	心配なのはわかります。
I can do it with both eyes closed.	そんなことは両目を閉じてもできる。／そんなの朝飯前だ。
I can manage.	なんとかします。
I can say the same to you.	その言葉、そっくりそのままお返しします。／おたがいさまだ。
I can tell.	わかります。
I can't argue with that.	異論はありません。／同感です。
I can't be bothered.	面倒くさいな。
I can't be sure.	確かではない。／確信はできない。
I can't be wrong.	絶対、間違いない。
I can't beat that.	それよりうまくできないよ。／負けだ。
I can't break that.	（お札を）崩せません。／釣り銭はありません。
I can't buy that.	それは受け入れられない。
I can't complain.	まあまあです。／なんとかやってます。／文句は言えません。
I can't go any further.	これ以上はもうむりだ。／もうダメだ。
I can't have that.	それは困ります。
I can't help but doubt it.	疑わざるをえないね。
I can't help falling in love.	好きにならずにいられない。
I can't help it.	しかたないね。／どうしようもない。

I can't say no.	嫌とは言えないね。
I can't stand it!	我慢できない！
I can't take any more of this.	こんなことはいいかげんにしてくれ。
I can't thank you enough.	感謝のしようがありません。
I can't wait for tomorrow.	明日が待ちきれない。／楽しみだな。
Can I be excused?	トイレに行ってもいいですか？／失礼します。
Can I break in here?	ちょっといいですか？
Can't you make up your mind?	決心できないの？（はっきりしなさいよ）
Can't you understand?	わからない？
Can't you work around that?	そこをなんとかできない？
I know I can count on you.	頼りにしてるよ。
I'll do it if I can.	できたらそうします。
I'll do whatever I can.	できる限りのことはやります。
I'm doing the best I can.	最善を尽くしています。
I'm as ready as I can be.	可能な限りの準備はしています。
It can't be true.	それはありえない。
It can't happen to my friend.	友達に限ってそんなはずはない。
Let's see if I can help you.	やるだけのことはやってみましょう。
Not if I can help it.	手助けできたとしても、そんなことはしない。→そんなことをする気はない。
That's all I can do.	私ができるのはそれだけだ。→それしかできない。
You can always count on me.	いつでも頼っていいよ。

You can ask me anything.	何でも言って。
You can bet your last dollar.	それは確実だ。／間違いない。
You can do better.	もっとできるはずだよ。／ほかにやりようがあるはずだ。
You can do it.	大丈夫だ。／がんばって。
You can hold your own.	大丈夫だ。／あなたならできる。
You can never tell.	先のことは誰にもわからない。／どうなることか。
You can say that again.	まったくそのとおりだ。
You can take it to the bank.	間違いない。／そのとおりだ。
You can't be serious.	冗談でしょう。／まさか。
You can't be too careful.	注意はするに越したことはない（念には念を入れよ）。
You can't fool me.	だまされないぞ。
You can't give up now.	今あきらめたらダメだ。／ここであきらめてはいけない。
You can't make me.	むりやりやらせようとしてもダメだ。／絶対に嫌だ。
You can't mean that.	信じられない。／うそだ。

could

　couldはcanの過去形です。しかし、そのことがcouldの正しい理解をむずかしくしているように思います。
　canもcouldも、ともに「…が可能である」「…がありうるかもしれない」という可能性・推量を表わします。しかし、couldはcanの過去形ではあるものの、「…することができた」という過去の可能を表わすことはまれです。
　ほとんどの場合、「…かもしれない」「…だろう」「…がありうる」「…できるだろうに」といった意味で用いられます。そのため、「**発言自体に自信がない場合、couldを用いる**」と考えてもいいでしょう。そのあたりのニュアンスが、学校英語ではうまく伝わっていないように思います。
　たとえば仮定法でcouldが使われる場合、「実際のところどうなのか」ということまで発想を広げてほしいのです。
　では、例文とともにcouldのイメージを見ていきましょう。

■「仮定」を表わす could

　まず、次の文を日本語にするとどうなるでしょうか？

　I **could** do it, if you would help me.

　正解は、「あなたが手伝ってくれたらできるのに」です。では、この場合、主語のI（私）はどのような状況にいるでしょうか？
　「そんなこと、わかるわけないだろう！」と怒られそうですが、ネイティブはこの英文から、主語Iの現在の状況が推測できます。

「あなたが手伝ってくれたらできるのに、(実際のところは)あなたが手伝ってくれないから、できないでいる」のです。

この could は仮定を表わし、「(もし…なら)…できるのに(現実はできていない)」という意味で用いられています。**条件が整えばできるけど、現実的にはできていない**、ということです。

if があるので、この例文の場合「もし…なら」の仮定法だとすぐわかるはずです。if から「『もし』ということは、実際はそうではないんだな」と推測できるでしょう。では次の文はどうでしょう?

I wish I *could* speak English.

「英語が話せればいいのに」ですから、これも「実際は英語が話せない」ことになります。could を wish とともに用いることで、「…ができればいいのに」**という願望**を表わします。

このように、if や wish といったキーワードがあれば、仮定法だとすぐにわかります。しかし、やっかいなのは、このようなキーワードがなくて could が単独で使われた場合です。これから詳しく説明しますが、could にはさまざまなニュアンスがあるため、どの意味で取っていいか、判断に迷うからです。

では、could の代表的な用法を1つひとつ見ていきましょう。

■「提案・助言」を表わす could

「(しようと思えば)…できるのに」「…したらどうですか」「…しませんか」と人に対する**提案や助言**を表わします。

You *could* be more careful.
もっと注意深くしたらどうですか。

We *could* go to the movies tomorrow.
明日、映画にでも行きませんか。

これらは2段階で考えるとわかりやすいでしょう。「…しようと思えばできるのに」→「…したらどうですか」「…しませんか」と発想を広げる方法です。

最初の例文であれば、「もっと注意深くしようと思えばできるのに」→「もっと注意深くしたらどうですか」。2番目の例文なら、「明日、映画に行こうと思えば行けるのに」→「明日、映画にでも行きませんか」と考えると、理解しやすいでしょう。

■「可能（性）・推量」を表わす could

could が単独で使われても、「…かもしれない」「…もありうる」と**可能性があること**を表わします。ただし、この場合の可能性は、**確率的に低い**ことに注意しましょう。ネイティブの感覚では、おそらく **50%** 以下くらいです。

The phone is ringing. It **could** be Bob.
電話が鳴っている。ボブかもしれない。

■「可能性表現」の程度の違い

助動詞には可能性を表わす言葉がいろいろとあります。しかし、それぞれの助動詞がどの程度の確率を表わすのかを知らないと、その発言を理解できたとはいえません。では、その可能性の度合いを比べてみましょう。

可能性を表わす助動詞に、**can** のほか、could, may, might, must, should があります。次の文の下線部に助動詞を入れ、雨が降る確率の低いものから順に並べましょう。

It _____ start raining.
雨が降り出すかもしれない。

「…かもしれない」という日本語では、それがどの程度の可能性なのかわかりません。しかし、助動詞を使い分けることで、可能性の程度まで表現できるようになります。

ネイティブの感覚では、次のようになります。

＜可能性の低いものから＞

It *could* start raining.

雨が降り出す可能性がある。　　※雨が降る可能性はあるものの、その確率は低い。

It *might* start raining.

ひょっとして雨が降り出すかもしれない。

※雨が降る可能性は could より高いが、まだ不確実な要素のほうが多い。

It *may* start raining.

雨が降り出しそうだ（たぶん降る）。　　※降るか降らないかでいえば、降る確率のほうが高い。

It *should* start raining.

雨が降り出すはずなのに。　　※降ると確信していたが、そうでなかった場合の表現。

It *must* start raining.

雨が降り始めるに違いない（間違いなく降る）。

※雨は間違いなく降ると確信し、「降らないと困る」くらいのニュアンスになる。

この確率の低さから、could の「**自信のなさ**」がわかるはずです。

■ could possibly ...

possibly は日本語の「…かもね」に近い語で、**曖昧なニュアンス**を出せます。It could start raining.（雨が降り出す可能性がある）よりさらに低い確率をいう場合、次のように表現できます。

It *could possibly* start raining.

ひょっとしたら雨が降り出すかもね。

could possibly（ひょっとして…かも）で断言を避けた穏やかな表現となるため、日常会話では頻繁に使われます。疑問形で用いれば、「どうか…しても

らえますか？」という「丁寧な許可願い・依頼」表現になります。

Could you *possibly* forgive me?
どうか許してもらえますか？

しかし、これを否定文で使うと、「絶対…ない」と可能性がゼロに近い強い否定になるので注意しましょう。

That **couldn't** *possibly* be true!
そんなこと絶対にありえない。

助動詞に、possibly や maybe といった曖昧さを表わす副詞をプラスすることで、非常にネイティブらしい「こなれた英語表現」になります。教育現場ではあまり触れることのない表現だと思いますので、ぜひ覚えておきましょう。

■「否定」を表わす could not［couldn't］

否定形の could not［couldn't］は、「…ではないかもしれない」よりも強い否定を表わします。次の文はどのような日本語になるでしょうか？

It **couldn't** be any worse than last season.

△　昨シーズンより悪くはならないかもしれない。
○　昨シーズンは最悪だった（それより悪くなるはずがない）。

could not［couldn't］の場合、「…するはずがない」「…することはありえない」という強い否定を表わします。そのため可能性は限りなく低く、断言口調となります。直訳すれば「昨シーズンより悪くなるはずがない」ですが、転じて「昨シーズンは最悪だった」となります。couldn't だけで「…することはありえない」となるのですから、先に紹介した couldn't possibly がさらに可能性が低く、限りなくゼロに近いことは理解できますよね？

前ページの例文の worse は名詞で「一層悪いこと［状態］」の意味で使われていますが、形容詞の比較級 worse の意味も当然連想させます。「could not [couldn't] ＋動詞の原形＋形容詞の比較級」について、のちほど詳しく説明します（22 ページ参照）。

■「過去の可能（性）・推量」を表わす could have ＋ 過去分詞

　could have ＋ 過去分詞で、「…だったかもしれない」と、過去の行動に対する可能性や推量を表わします。could have ＋過去分詞は、「過去の可能（性）・推量」の場合と、次で説明する「過去の仮定法」の場合の 2 種類の解釈が可能です。どちらが適切かは、前後関係などから判断しましょう。

　He *could* have missed the train.
　彼は電車に乗り遅れたかもしれない。
　※次で説明する「過去の仮定法」なら、「彼は電車に乗り遅れるところだった（実際は遅れなかった）」となる。

■「過去の仮定法」を表わす could have ＋ 過去分詞

　過去の仮定法を表わす場合、could have ＋ 過去分詞で「(…しようと思えば)…できたのに（実際はしなかった）」と過去に対する後悔を表わします。

　You *could* have helped me then.
　あの時、助けてくれてもよかったのに（助けてくれなかった）。
　※「過去の可能（性）・推量」なら、「あの時、あなたは私を助けられたかもしれない」となる。

■「現実とは反する内容」を表わす could / might / should / would
　　＋ have ＋過去分詞

　could / might / should / would ＋ have ＋過去分詞の文は、文脈により仮定法かどうか判断します。仮定法の場合、「…だったのに（実際はしなかった）」という現実とは反する内容を表わすことがあります。順に見てみましょう。

could have ＋ 過去分詞 ＝「…できただろうに（実際はしなかった）」
　I *could* have been a millionaire.
　　億万長者になれただろうに（実際はなれなかった）。
　　※「過去の可能（性）・推量」なら、「億万長者になれたかもしれない」となる。

might have ＋ 過去分詞 ＝「…したかもしれないのに（実際はしなかった）」
　I *might* have been a millionaire.
　　億万長者になれたかもしれないのに（実際はなれなかった）。
　　※「過去の可能（性）・推量」なら、「億万長者だったかもしれない」となる。

should have ＋ 過去分詞 ＝「…すべきだったのに（実際はしなかった）」
　I *should* have been a millionaire.
　　億万長者になるべきだったのに（実際はなれなかった）。
　　※「過去の可能（性）・推量」なら、「億万長者だったろうに」となる。

would have ＋ 過去分詞 ＝「…していただろうに（実際はしなかった）」
　I *would* have been a millionaire.
　　億万長者になっていただろうに（実際はなれなかった）。
　　※「過去の単なる仮定」なら、「億万長者になっていただろう」となる。
　　※「過去の意志の仮定」なら、「億万長者になるつもりだったのに」となる。

■ **could not［couldn't］＋ 動詞の原形 ＋ 形容詞の比較級**
　このcouldn't ＋ 動詞の原形 ＋ 形容詞の比較級は、日本人には少しむずかしいようですので、注意しましょう。
　たとえばcouldn't be betterなどは、挨拶や体調を聞かれる際、日常的にネイティブが使うフレーズですが、教科書などではあまり紹介されていないようです。

　A: How are you doing?　元気？
　B: I *couldn't* be better!　バッチリだよ！

I couldn't be better. の直訳は「これ以上よくはならない」ですが、発想を転じて「これ以上よくなりようがない」→「最高だ（バッチリだ）」というポジティブな意味になります。

　この**助動詞の否定形 ＋ 動詞の原形 ＋ 形容詞の比較級**は、やや複雑な構文であるために、日本人の英語学習者は意味が取りにくいようですが、ネイティブはこの手の決まり文句を非常によく使います。いちいち意味を考えていては会話についていけませんから、慣用表現としてそのまま覚えてしまいましょう。

I ***couldn't*** agree less.
大反対だ。

I ***couldn't*** agree more.
大賛成だ。

I ***couldn't*** be better.
とても調子がいい。／最高だ。

I ***couldn't*** care less.
まったくかまわない。／どうでもいい。

I ***couldn't*** disagree more.
大反対だ。

I ***couldn't*** have been more wrong.
最悪のことをしていた。／とんでもない間違いをしていた。

Nothing ***could*** be better than this.
これ以上のものはない。／これはすばらしい。

You *couldn't* be more wrong.
間違いだらけだ。

■ could not ［couldn't］ have been ＋形容詞の比較級

　上記のような数語から成るフレーズであれば、覚えられると思います。実際に問題となるのは、これらを「もうひとひねり」した言いまわしです。では、次の文はどのような意味になるでしょうか？

　The food *couldn't* have been better.

　「その食べ物はあまりおいしくなかった」というニュアンスに取ってしまう人もいるかもしれませんが、意味は正反対です。この文は、

　　その食べ物は最高においしかった。

という意味になります。すなわち、「それ以上よくならないと思えるぐらい、よかった」→「最高によかった」ということを表わします。couldの「推量」の否定、have beenの「過去」、そして形容詞の比較級があわさると、日本人の学習者は瞬間的に意味が取れないこともあるようです。もう1例挙げてみましょう。

　The staff at the bookstore *couldn't* have been more helpful.

　これは、「その書店の店員は最高に親切だった」という意味になります。だんだんと、「これ以上…ない」→「最高だ」という感覚がつかめてきましたよね？
　ただし、could have been ＋ 形容詞の比較級のあとにthanがあって、比較されるものが限定される時もありますので、注意しましょう。次のような場合がそれにあたります。

　Yoko *couldn't* have been much older than Linda.

これなどは、「陽子がリンダよりもずっと年上ということはなかっただろう」という意味になります。than の有無で意味が変わるので、気をつけてください。

■ could と was［were］able to の違い
　「…することができた」という意味を表わす場合、could と was［were］able to の両方を用いることができます。ただし、**過去１度きりの「…することができた」という動作を表わす場合、could ではなく was［were］able to** を用います。これは could を使うと、「…することができたのに（できなかった）」という仮定法の意味で取られるおそれがあるからです。そのため、次のような文の場合、was able to を使うのが自然です。

　I worked through lunch and ***was able to*** go home at 8:00.
　昼休み返上で仕事をしたから、８時には帰宅できた。

　実際問題として、「…できた」という過去の可能の意味で could を使うことは少なく、もし使うとすれば次のような場合になります。

＜過去に可能であった能力を表わす場合＞
　I ***could*** speak Spanish when I was younger, but I can't now.
　小さい頃はスペイン語を話せたが、今は話せない。

＜否定文＞
　He ***couldn't*** pass the examination.
　彼はその試験に合格できなかった。

＜感覚動詞とともに用いる場合＞
　hear や see といった感覚動詞とともに could を用いると、「可能であった」と「可能であり、なおかつ実際にできた」の２種類の意味になります。

You *could* see the skyscraper from vantage points all over Manhattan.
マンハッタンの見晴らしのいい場所なら、どこでも摩天楼を見ることができた。
※可能であったことを表わす。

I *could* hear a bird singing outside my window.
窓の外で鳥の鳴き声が聞こえた。　※可能であり、実際に聞くことができた。

■「自発性」や「提案」を表わす can と could の違い
　can も could も「自発性」や「提案」の意味を表わします（4ページ参照）が、could のほうが遠慮がちで控えめな表現になります。ニュアンスの違いを比較してみましょう。

1. I *can* order pizza tonight.
2. I *could* order pizza tonight.

1. 今晩、ピザを注文できるよ。／今晩、ピザを注文しようか？
2. 今晩、ピザを注文できるかもしれない。／よかったら今晩、ピザを注文しましょうか？

　両方とも、同じフレーズで「今晩、ピザを注文できる」という可能（性）を伝えるだけでなく、「今晩、ピザを注文しようか？」という提案にもなります。
　同様に、人に何かを依頼する際も Can you ...? より Could you ...? のほうが丁寧に聞こえます。

1. *Can* you give me the time?
2. *Could* you give me the time?

1. 時間を教えてくれる？
2. 時間を教えてもらえますか？

　こうして比較すると、微妙な can と could のニュアンスの違いがわかるは

ずです。could の「自信のなさ」が、使い方によって丁寧に聞こえたり、優しく聞こえたりするので、幅広い意味で使えます。

■ Could you ...? と Could I ...?

人に依頼する際の定番表現といえば、Could you ...? です。could の控えめなニュアンスは誰に対しても丁寧に聞こえるので、基本的に人へのお願いは Could you ...? を使えば間違いないでしょう。

Could you help me with something?
ちょっと相談にのってもらえますか？

Could you work overtime tonight?
今晩、残業してもらえますか？

自分の用件で何かを頼むなら、Could I ...? を使います。Could you ...? と同じく、こちらも丁寧な依頼表現に聞こえます。

Could I have an hour of your time?
1時間ほど打ち合わせの時間をいただけますか？

Could I get your approval stamp on this?
ここに承認印をお願いできますか？

could の使い方が大体理解できたら、定型表現集でそのニュアンスをつかみましょう。

couldの定型表現集

couldを使った定型表現を紹介します。いずれもネイティブがよく使う言いまわしですから、そのまま覚えるようにしましょう。

Could be.	そうかも。
Could I ask you to do a favor for me?	お願いがあるのですがいいですか？
Could I be excused?	ちょっと失礼していいでしょうか？／失礼します。
Could you do it ASAP?	できるだけ急いでもらえますか？
Could you do me a favor?	お願いがあるのですが。
Could you help me with something?	ちょっと相談にのってもらえますか？
Could you let me know the status?	状況を教えてもらえますか？
Could you possibly forgive me?	どうか許してもらえますか？
Could you tell me the time?	時間を教えてもらえますか？
I'm glad I could help.	お役に立てばうれしいです。
I'm glad you could come.	お越しいただいてうれしいです。
How could I say no?	ノーとは言えませんね。／もちろんです。
How could you!	信じられない！／よくも！
How could you do that to me?	よくそんなことが私にできたもんだ。／ひどいな。
How could you do this?	なぜこんなことをしたんだ？
I could be better.	いまひとつだね。
I could die.	もう死にたい。／本当にがっかりだ。
I could have died.	死んでもおかしくなかった。／（死んでしまうくらい）恥ずかしかった。

I could do it, if everyone helped me.	みんなが手伝ってくれたらできるのに。
I could do it with my eyes closed.	そんなことは目をつぶってもできる。／簡単だよ。
I could do with some water.	1杯飲みたい。
I could have told you that.	初めからわかっていたことだ。／予想どおりだ。
I couldn't ask for more.	願ってもないことだ。／最高だよ。
I could say the same about you.	その言葉をそのまま返すよ。／おたがいさまだ。
I could use a cup of tea.	お茶を1杯いただけますか。（この use は「消費する、飲む」）
I couldn't agree less.	大反対だ。
I couldn't agree more.	大賛成だ。
I couldn't ask for anything more.	これ以上のものは望めない。／願ったり叶ったりだ。
I couldn't be better.	とても調子がいい。／最高だ。
I couldn't care less.	まったくかまわない。／どうでもいい。
I couldn't disagree more.	大反対だ。
I couldn't have been more wrong.	最悪のことをしていた。／とんでもない間違いをしていた。
I couldn't have done it without you.	あなたなしではできなかった。／あなたのおかげです。
I couldn't have said it better.	まさにそのとおりだ。
I couldn't have hoped for more.	これは思ってもいなかった（贈り物だ）。
I couldn't help it.	しかたがなかったんだ。
I couldn't love you anymore.	最高に愛している。
I couldn't wait to see you.	あなたに会いたくてたまらなかった。／あなたに会うのが待ち遠しかった。
I did everything I could.	できる限りのことはしました。

I knew I could count on you.	やっぱりあなたは頼りになります。／あなたならなんとかしてくれると思っていました。
I knew you could do it.	きみができるのは当たり前だよ。
I wish I could.	できたらいいのに（できない）。／残念ですが。
I wish I could have gone.	行ければよかったのに（行けなかった）。
I wish I could help you.	お役に立てればよかったのですが。
I wish I could say yes, but I can't.	そうしたいのはやまやまですが、ダメなんです。
I would if I could.	できるものならやってるよ。
If you could be brief...	手短に…（お願いします）。
If you could just give me a second.	しばらくお待ちください。
It could possibly start snowing.	ひょっとしたら雪が降り出すかもね。
It could start raining.	雨が降り出す可能性がある。
That's the least I could do.	私にはこれくらいしかできません。
Nothing could be better.	これ以上のものはない。／これはすばらしい。
Only you could have done it!	そんなことができるのはあなただけだ！／さすが！
Perhaps I could decline this time.	ちょっと今回はお断りします。
That couldn't possibly be true!	そんなこと絶対にありえない！
The phone's ringing. It could be Bob.	電話が鳴っている。ボブかもしれない。
What else could I have done?	ほかに何ができただろうか？／こうするしかなかった。
What more could I ask for?	これ以上望めるだろうか？／これ以上望むものはない。
You could apologize to him.	彼に謝ったらどうですか。
You could be more careful.	もっと注意深くしたらどうですか。

You could have knocked me over with a feather.	びっくり仰天した。／たまげた。
You could say that.	そうとも言えるね。
You couldn't be more wrong.	間違いだらけだ。
You couldn't have said it better.	まさにそのとおりだ。
You couldn't help it.	しかたないね。
You couldn't pay me to do it.	それは絶対に嫌だ。

may

　may は、本書で取り上げた9つの助動詞の中では、比較的簡単に思えるかもしれません。may については、**許可を表わす**「…してもよい」と、**可能性を表わす**「…かもしれない」を覚えておけばいいでしょう。may と might は似たような意味で使われますが、might のほうが「ひょっとして」というニュアンスが強くなります。
　許可と可能性を表わす助動詞には、ほかに can がありますが、**can が客観的であるのに対して、may は主観的な表現**です。そのため、同じ許可と可能性を表わすにしても、ニュアンスは大きく異なります。
　次の文を助動詞の違いを出して日本語にするとどうなるでしょうか？

1. You ***may*** swim here.
2. You ***can*** swim here.

ともに許可を表わしますが、ニュアンスは異なります。

1. ここで泳いでもよい。
2. ここで泳げるよ。

　1は、話し手が主観的に相手に対して許可を出している文となります。一方2は、話し手の主観は入らず客観的な許可となります。では、次の文はどうでしょうか？　今度は可能性を表わします。

1. He *may* turn out to be a great football player.
2. He *can* turn out to be a great football player.

1. 彼はすばらしいサッカー選手になるかもしれない。
2. 彼はすばらしいサッカー選手になれる。

ここでも、1は話し手の主観的な意見になります。それに対して、2は一般的な見方を客観的に述べるような言い方になります。

この**主観的な目線が、may の特徴**です。これからその代表的な用法を1つひとつ見ていきましょう。

■ 「許可」を表わす may

「…してもよろしいですか？」「…してもよい」など、**may は上下関係にある者同士が、許可を求めたり与えたりする際に用いる言葉**です。

May I ...? は、立場が上の人に「…してもよろしいですか？」と許可を求めるような表現で、May I come in?（入ってもいいですか？）のような**決まり文句は別として、古い感じの英語に聞こえるため、会話ではあまり使いません**（May I ...? を使う決まり文句に関しては、40ページの「may の定型表現集」を参照）。普通に何か許可を求めるなら、Could I ...? や Can I ...? を使うのが一般的です。

一方、**You may ...** は、立場の上の人が下の人に「…してもよろしい」と許可するような時によく用いられます。偉そうに聞こえる言い方のため、接客や上下関係にある者同士など、**使う状況がある程度限定**されます（can との違いは、6ページを参照）。では、例文を挙げますので、一緒に確認しましょう。

May I ask what it's about?
どのようなご用件か、おうかがいしてよろしいですか？

こう聞かれて普通に「いいですよ」や「はい」と答える場合、次のどちらで答えますか？

1. Yes, you *may*.
2. Sure.

「doで聞かれたらdoで答える」というように、「同じ助動詞を使って答える」よう教わったかもしれませんが、**May I ...?** と聞かれた場合、普通は **Sure.** や **No problem.** と答えます。

May I ...? と聞かれて Yes, you may. と答えると、「いいでしょう」と、なんだかいばって答えているように聞こえます。このやり取りは、親子や社内の上司と部下、店員と客のように、上下関係の間柄でのみ使うと考えていいでしょう。

たとえば子供に、

May I have some ice cream?
アイスクリームもらえる？

と聞かれて親が、

Yes, you *may*.
ええ、いいわよ。

と答えるなら違和感はありません。しかし、オフィスで来客に、

May I smoke here?
ここでタバコをすってもいいですか？

と聞かれた場合、「いいですよ」と答えるなら Yes, you may. ではなく、

Sure.　いいですよ。
Of course.　もちろん。

といった返事が一般的です。もし「ダメです」と答えるなら、

 I'm sorry, you can't.　残念ながら、ダメです。
 I'm afraid not.　悪いけど、ダメです。

といった返事をします。I'm sorry ... や I'm afraid ... を付けて、「ダメ」と断ることに対する「申し訳ない気持ち」を表わします。
 しかし、上司と部下、親子のように上下関係の間柄で不許可を伝えるのであれば、

 No, you ***may*** not.
 いいえ、ダメです。

を使ってもいいでしょう（いばった感じの言い方となりますが）。ですが、普通の間柄では、相手をバカにしているように聞こえるため、避けたほうが無難です。
 「絶対にダメ」と強く禁止の気持ちを伝えたいなら、

 No, you ***must*** not [***mustn't***].
 いいえ、絶対にダメです（そんなことをされたら困る）。

というように must を使う手もありますが、これは「そんなことをされたら困る」くらいに大げさなニュアンスとなるため、ネイティブもあまり使いません。
 助動詞を使う時は、この**微妙な言葉の使い分け**に注意が必要です。

■「丁寧な命令・依頼」を表わす May I ...?

 May I ...? は、「…してもよろしいですか？」と許可を求めるフレーズとして使われると説明しましたが、レストランや店などで客が使う次のフレーズはどうでしょうか？

May I have a cup of coffee?
コーヒーをいただけますか？

May I have some change?
（お金を）細かくしてもらえますか？

　この場合、話し手である客は上の立場で、聞き手である店員は下の立場のはずです。それなのに、なぜ上の立場の客が May I ...? を使うのでしょうか？
　実は、上の立場にいる者（客）があえて下の立場の者（店員）にへりくだった言い方をすると、**丁寧な命令・依頼の表現になる**のです。
　あえて丁寧さを出すために、例外的にこのような表現を使うことがある、と覚えておきましょう。

■「不許可」を表わす may not
　否定形の may not は「…してはいけない」という**不許可**を表わしますが、強く禁止する場合は、すでに説明したように、must not を用いるのが一般的です。
　それに対して may not は、**規則や条例文**などに用いられることが多い、**客観的な不許可**を表わす表現です。強くもなく弱くもなく、冷静に禁止を伝えると考えればいいでしょう。では、次の文はどのような日本語にするのが適当でしょうか？

You ***may not*** give, sell, rent or lease the DVD or any copies of the DVD.

　ここでは不許可を表わし、「DVD またはそのコピーを譲渡、販売、貸与、リースしてはいけません」となります。このように、**may not は不許可を客観的に表わす語として条例文や契約書などでもよく使われる**ので覚えておきましょう。たとえば、立ち入り禁止の場所でよく目にする

You *may not* come in.
入ってはいけません。

という表示も、なぜ must not ではないのか、なぜ cannot ではないのか考えると、より深く助動詞のニュアンスが理解できるようになります。

■「譲歩」を表わす may
　may は「（たとえ）…しても」「…だろうと」と譲歩の意味も示します。whatever や whoever などの譲歩を表わす副詞節とともに用いられる際は、よくこのニュアンスが示されます。

Whatever she *may* say, I believe her.
たとえ彼女が何を言おうと、私は彼女を信じる。

　あとに but などをつづけると、「…かもしれない（が）」「…といってもいい（が）」という意味になります。

She *may* be rich, but she doesn't care about that.
彼女はお金持ちかもしれないが、それを鼻にかけない。

■「願望・祈願」を表わす may
　希望や不安などを表わす語とともに用いると、「…するよう」「…しないかと」という思いを表わします。

I hope he *may* get well soon.
彼がすぐによくなるよう願っている。

　ただし、この用法は、話し言葉ではまず使われません。このような時、ネイティブは次のように表現するのが一般的です。

⇨ I hope he gets well soon.

また、**May ＋ 主語 ＋ 動詞の原形**で「どうか…しますように」という祈願文にもなります。

May you find much happiness.
幸せが訪れますように。

これもまた文章でのみ使われる表現ですから、会話などでは次のように言います。

⇨ I hope you find much happiness.

■「可能性・推量」を表わす **may**

may は「…かもしれない」という可能性・推量も表わし、**実現の可能性が 50% 以上はあるような場合**に用います。この「可能性の程度」には少し注意が必要で、**may** とその過去形の **might** ではやや異なります。

では、次の文を **may** と **might** のニュアンスの違いを出して、日本語にしてください。

1. It ***may*** be true.
2. It ***might*** be true.

どちらも日本語では「それは本当かもしれない」となりますが、あえてニュアンスの違いを出せば次のようになります。

1. それは本当かもしれない。
※本当である可能性が高い場合（50% 以上あるような場合）に用いる。

2. ひょっとしてそれは本当かもしれない。
※本当である可能性が半分以下の場合、半信半疑の場合に用いる。

日本語の「…かもしれない」という言葉からは、どの程度の可能性かわかりにくいですが、might は may よりも可能性が低いと覚えておきましょう。

可能性を表現する場合、might に「ひょっとして」という日本語をあてれば、文のニュアンスがうまく表わせます（18 ページの「『可能性表現』の程度の違い」も参照）。

■「過去に対する不確実な推量」を表わす may have ＋ 過去分詞

may have ＋ 過去分詞で、「…したかもしれない」「…だったかもしれない」という過去に対する不確実な推量を表現します。ただし、これはあくまでも推量で、実際にどうだったかまではわかりません。might have ＋ 過去分詞もほぼ同じような意味になります。

He *may* have missed the train.
彼はその電車に乗れなかったかもしれない。

He *might* have missed the train.
ひょっとして彼はその電車に乗れなかったかもしれない。

■「義務の推量」を表わす may have to

may と have to を組み合わせることで、「…しなければいけないかもしれない」という義務の推量を表わすことができます。

I *may have to* leave now.
もう出発しなくてはいけないかもしれない。

may の使い方が大体理解できたら、定型表現集でそのニュアンスをつかみましょう（慣用表現 may as well と might as well については、45 ページを参照）。

may の定型表現集

　may を使った定型表現を紹介します。いずれもネイティブがよく使う言いまわしですから、そのまま覚えるようにしましょう。

I deeply regret any pain I may have caused.	不愉快な思いをさせてしまい、心からお詫びします。
I may have a job for you.	ちょっと仕事をしてもらおうかな。
I think it may rain tomorrow.	明日は雨だと思う。
If I may interrupt you...	お話の途中すみませんが…
That may be true.	それは本当かもしれない。
It may have been true 10 years ago.	10年前はそれが正しかったかもしれない。
It may not be my place to say this, but ...	私はこのようなことを言う立場ではないかもしれませんが…。
That may not be the best decision.	それは最善の策ではないかもしれない。
It may not be what it once was, but ...	昔とは違うかもしれないが…
It may start raining.	雨が降り出しそうだ。
It may well be that ...	たぶん…だ。／…はありうる。
It's easier than you may think.	それは思っているほどむずかしくない。／案ずるより産むがやすし。
May I ask a favor of you?	お願いがあるのですがよろしいですか？
May I ask what it's concerning?	どのようなご用件かおうかがいしてよろしいですか？
May I ask who's calling?	お名前をうかがってもよろしいですか？
May I ask you a question?	質問してもよろしいですか？
May I be excused?	トイレに行ってもいいですか？／ちょっと失礼。
May I come in?	（部屋に）入ってもいいですか？／失礼します。

May I have a cup of coffee?	コーヒーをいただけますか？
May I have some change?	（お金を）細かくしてもらえますか？
May I have your attention, please?	ご注目ください。／みなさん、よろしいですか？
May I have your name?	お名前をうかがってもよろしいですか？
May I help you?	お手伝いしましょうか？／ご用件を承ります。
May I interrupt?	少しよろしいですか？
May I take a message?	伝言はございますか？
May I take your order?	ご注文はお決まりですか？
May I try this on?	試したいのですが。
May you be very happy.	ご多幸をお祈りします。
May you find much happiness.	幸せが訪れますように。
Whatever you may say, I'll believe you.	たとえあなたが何を言おうと、私はあなたを信じる。
You can, but you may not.	あなたならできるけど、許可しない。
You may have won this round, but I'll be back.	今回はあなたの勝ちかもしれないが、私はこのまま引き下がりはしない。
You may not come in.	入ってはいけません。
You may not get the chance again.	2度とチャンスはないかもしれない。

might

　may の過去形で、may よりもやや不確かなニュアンスがあるのが、might です。そのため、可能性を表わす場合、その確率は may よりも低くなります。また、**may の過去形として使われるのは、時制の一致の場合のみ**です。そのほかの用例は、may の過去としての使い方ではないので注意しましょう。
　たとえば、次の文を日本語にすると、どうなるでしょうか？

You *might* succeed if you tried harder.

　「もっと一生懸命やれば、うまくいくかもしれない」です。might は may の過去形ですが、現在や未来の可能性を表わし、might ＋動詞の原形で「(ひょっとしたら)…かもしれない」「…の可能性がある」と、推量や可能性を表わします。
　可能性を表わす助動詞はほかにもいくつかあります。可能性の低いものから順に挙げれば could ＜ might ＜ may ＜ should ＜ must となり、might は「ひょっとしたら」くらいの程度で、**可能性はさほど高くありません**。

It *might* rain.
ひょっとすると雨が降るかもしれない。

　この場合、雨が降る可能性が「多少」あることを表わします。可能性の助動詞を比較する場合、このような天候に関する確率がわかりやすいでしょう。「可能性表現」の程度の違い（18ページ）を参照してください。

■「過去の可能性・推量」を表わす might have + 過去分詞

「(ひょっとすると)…だったかもしれない」と過去の可能性や推量を表わすなら、might have + 過去分詞です。

He *might* have eaten something bad.
彼は何か悪いものでも食べたのかもしれない。

時制が過去になっただけで、この場合も可能性は低いものとなります。

■「過去の仮定法」を表わす might have + 過去分詞

might have + 過去分詞で仮定法の過去を表わす場合、過去の可能性とは少しニュアンスが変わります。次の文はどう解釈すればいいでしょうか？

I *might* have been a rock star.

△　私はロックスターだったかもしれない。
○　私はロックスターになれたかもしれないのに(残念ながらなれなかった)。

この might have + 過去分詞は、実際のニュアンスとしては「…したかもしれないのに(実際はしなかった)」「…してもよかったが(実際はしなかった)」という**過去を悔いる表現**になります。

I *might* have caught the train.
その電車に乗れたかもしれないのに(乗れなかった)。

残念ながら現実には叶わなかった過去の出来事をいう場合に使います。
ちなみに、might-have-beens という名詞もあり、「願っていたが実現できなかったこと、過去の繰り言」という意味で使われます。

■「不満」を表わす might
　You might ... で「…してくれてもいいのに」と相手に対する不満を表わします。

　　You *might* help me.
　　手伝ってくれてもいいのに。

　　You *might* at least apologize.
　　せめて謝ってくれてもいいのに。

　might at least ... で「せめて…してくれてもいいのに」と、非難や遺憾の意をさらに強調した表現となります。

■「提案・依頼」を表わす might
　You might ... で「…したらどうだろう」「…してくださいませんか」と提案や依頼を表わします。

　　You *might* apply for the job.
　　その仕事に応募したらどうですか。　　※提案

　　You *might* e-mail her.
　　彼女にメールしてくださいませんか。　　※依頼

　ただし、依頼の場合、丁寧すぎて違和感のある表現となるため、Could you ...? などを使うのが一般的です。

■「不確実な気持ち」を表わす might
　疑問文で「(一体)…だろうか？」と不確実な気持ちを表わす場合があります。しかし、やや形式張った大げさな表現となるため、普通の会話で使われることはまずないでしょう。

How old *might* she be?
一体彼女は何歳なんだろうか？

■「許可」を表わす Might I ...?
疑問文の Might I ...? は「…してもよろしいですか？」と許可を求める表現になりますが、一般的に古い感じの英語表現と思われるようです。現在、使われているものは、決まり文句として残っているフレーズがほとんどです。

Might I be excused?
ちょっと席を外してもよろしいですか？

■ May I ...? と Might I ...? の違い
May I ...? も Might I ...? も許可を求める表現ですが、どちらも気軽にいつでも使える表現というわけではありません。決まり文句を別とすれば、上下関係がはっきりしている場合には May I ...? も使いますが、Might I ...? は古い感じの言い方に聞こえるため、一般的にはあまり用いられません。

May I ask you some questions?
質問してもいいでしょうか？

Might I ask you some questions?
質問してもよろしいでしょうか？

■ may as well と might as well の違い
慣用表現の may as well と might as well は、ともに「…したほうがいい」という意味で使われますが、使う状況が若干異なります。
might as well はおもに「悪い状況」で用い、may as well は状況の悪さではなく「AよりもBのほうがいい」という場合に使います。例を挙げましょう。

◎ You *may as well* drink this. We don't want to throw it away.
○ You *might as well* drink this. We don't want to throw it away.

　これは飲み物が余っている状況で「これを飲んでもいいよ。捨てたくないし」という言い方になります。may と might のどちらを使っても大丈夫ですが、may as well のほうがより自然な英語になります。
　この文の場合、特に悪い状況などではなく、ただ「…しないともったいない」→「…したほうがいい」と比較する表現のため、might as well ではなく、may as well を使うほうが自然です。では、次はどうでしょうか？

◎ You *might as well* give up. No one's going to come.
○ You *may as well* give up. No one's going to come.

　これは大勢お客さんが来ることを期待していたのに、誰も現われない時の一言で、「あきらめたほうがいいよ。誰も来ないよ」です。このようにネガティブな感情を表わす時は、might as well が英語としてより自然です。
　では、次の文ではどちらが自然な言いまわしになるでしょうか？

1. I *might as well* be dead.
2. I *may as well* be dead.

　「私は死んだも同然だ」という決まり文句です。
　この場合、1 だと非常に落胆している様子が出せます。しかし 2 では、さほど落ち込んでいるようには聞こえません。
　might as well は悪い状況で使うことが多いため、I might as well be dead. のほうが落胆の感情をうまく表現できるようです。そのため 1 は◎に、2 は○になります。このあたりの判断は、文法的なものというよりは「英語としての自然さ」といえるでしょう。
　同様に、次のようにネガティブな感情を表わす際も、might as well が一般的です。

You *might as well* throw your money away than spend it on gambling.
ギャンブルにお金を使うくらいなら、捨てたほうがましだ。

may as well と might as well の利用頻度を比べると、might as well のほうが断然多く使われます。「(ひょっとして)…かもしれない」と may より不確実なニュアンスのある might には、**表現を和らげる「クッション的な要素」**があるためだと思われます。では、次の文はどうでしょうか。

1. I give up.
2. I *might as well* give up.

ネイティブはこう解釈します。

1. お手上げだ。
2. あきらめようかな。

I give up. では完全にあきらめたことになりますが、I might as well give up. なら、多少曖昧さ・不確実さの残る柔らかな表現となります。**might as well** を入れるだけで、ニュアンスを和らげることができるのです。
　そんな理由もあってか、次のような決まり文句は might as well を使うのが一般的です。

You *might as well* forget it.
そのことは忘れたほうがいい。

We *might as well* call it a day.
今日はここまでにしよう。　※仕事を終わりにする時の決まり文句。

You *might as well* wait until Sunday.
日曜まで待ってくれないか。

Might as well.

まあ、いいんじゃない。　※あまりやる気のない返事。

　「may as well と might as well は違う」と明確に断言できるほどの差はなく、ネイティブの間では徐々に may as well が使われなくなっているのが現状です。may as well が古い感じの英語と思われる日も、そう遠くはないかもしれません。
　might の使い方が大体理解できたら、定型表現集でそのニュアンスをつかみましょう。

might の定型表現集

mightを使った定型表現を紹介します。いずれもネイティブがよく使う言いまわしですから、そのまま覚えるようにしましょう。

I might as well.	やるしかない。
I might as well be dead.	私は死んだも同然だ。
I might as well give up.	あきらめようかな。
I might be next.	次は私かもしれない。／人ごとではない。
I might have gone too far.	言いすぎたかもしれない。
I might not have to do it.	それはやらなくてもいいかもしれない。
I thought you might do that.	そうすると思った。
I thought you might understand.	あなたならわかってくれるかもしれないと思った。／わかってくれてよかった。
It might be hard to believe.	信じられないかもしれませんが。
It might just be me.	私の気のせいかもしれない。／私がそう思ってるだけかもしれない。
It might not be all bad news.	まるっきり悪い知らせというわけではなさそうだ。
It might start raining.	雨が降り出すかもしれない。
It's easier than you might think.	あなたが考えているほどむずかしくない。／案ずるより産むがやすしだ。
I might as well.	まあ、いいんじゃない。
We might as well call it a day.	今日はここまでにしよう。
Might I be excused?	ちょっと席を外してもよろしいですか？
You might as well ask me not to breathe.	私に息をするなというようなものだ。／それはむりというものだ。
You might as well forget it.	そのことは忘れたほうがいい。

You might as well give it a try.	やってみるだけの価値はあるかもしれない。／やるだけやってみてもいいんじゃないか？
You might be next.	次はあなたかもしれない。／人ごとじゃないよ。
You might have knocked me over with a feather.	びっくり仰天した。／たまげた。
You might be able to help me.	手伝ってくれてもいいのに。
You might not be wrong.	あなたは間違っていないかもしれない。／そうかもしれない。
You might want to keep this in mind.	そのことを忘れないでくださいね。

must

　日本人の英語学習者は、must＝「…しなければならない」とまず習うでしょう。義務を表わす must です。しかし、ネイティブは、おもに「(絶対に [何があっても]) …せねばならないのだ」に近い、**かなり大げさに義務や必要性を表明する言いまわし**として、must を使います。強制的な意味合いが強く、使う際には注意が必要なため、日常会話ではさほど must は使いません。have to で言い換えられる場合は、そちらを用いる印象があります（そのため「must の定型表現集」でも、同じ意味のフレーズで must よりも一般的な言いまわしがある場合、⇨のマークでそれを併記しました）。

　では、「このレポートを4時までに仕上げなくちゃ」と言う場合、どのように表現すればいいでしょうか？

　△　We ***must*** finish this report by 4:00.

このように must を使う人が多いのですが、ネイティブにはやや大げさに聞こえます。「このレポートを4時までに仕上げねばならぬのだ」に近い言いまわしでしょう。
　こんな時、ネイティブなら次のように表現します。

　○　We ***need to*** finish this report by 4:00.

　このように、義務や必要を表わす言葉には、must のほか need to や have to もあります。したがって、ここでは must だけでなく、need to や have to

などの使い方も見ていきましょう。

■「義務・必要」を表わす must

　「…しなくちゃ」くらいの「**軽い義務**」を表わすのであれば、今述べたように、must ではなく **need to**（…しなくてはいけない）を使うのが自然です。
　need to は、**客観的な理由から何かをしなくてはいけない時に使う語**で、「（外的な理由により）…する必要がある」というニュアンスになります。そのため、**仕事などの外的な理由で何かをしなければならない時は、普通 need to を使います**（この用法については、55 ページの「客観的必要性を示す need to」で詳しく説明します）。

　ただし、次の文のように「…しなければならない」と大げさに言う場合は、must を使っても違和感はありません。

　　Companies **must** make a contribution to society.
　　企業は社会に対して貢献しなければならない。

　これなどは、まさに客観的な理由からなんらかの行動を迫られているという点で、must の義務・必要のニュアンスが非常によく出た文となります。
　must には過去形がないので、過去について言及する際は must の代わりに **had to** を用います。同様に、未来について言う場合も will のあとに助動詞をつづけられないので、代わりに **have to** や **need to** を使います。

過去
　I had a terrible headache, so I **had to** leave early.
　ひどい頭痛だったので、早く帰らなければならなかった。

未来
　I'll **have to** leave early to be in time for the last train.
　終電に間に合うように、早く帰らねばならないだろう。

■ must と have to の違い

　have to は「本当はやりたくないことを、ほかから強制されている」ニュアンスがあり、規則や予定、周囲の外的な要因などで「そうせざるをえない場合」に用います。

　I *have to* avoid high calorie food.
　カロリーの高い食べ物を避けないといけない。

　have to が、外的要因によって「…せざるをえない」となるのに対し、**must** は主観的に「…しなければならない」というニュアンスになり、比較的大がかりなことをする場合に用います。次のような文は、まさに must らしい例文といえるでしょう。

　We *must* take action to prevent pollution.
　汚染を防ぐために行動を起こさなければならない。

　must はおもに話し手が相手に強制［強要］する際に用いるため、些細な日常業務に対して使うと違和感が生じます。上の例文なども、we を主語にして「われわれ」つまり「私だけでなくあなたも…しなければならない」と相手に強制しています。
　そういう理由もあり、一般的な日常会話では must よりも have to のほうがよく使われるようです。
　では、次の文はどう解釈すればいいでしょうか？

　I really *must* stop smoking.

　△　絶対にタバコを止めなくてはいけない。
　○　絶対にタバコを止めるぞ。

　あえて I を主語にして言うことで、たとえ些細なことでも「絶対に…する」

という、「強い意志」を表わすことができます。must は強い意味合いがあるため、「主語を何にするか（何に対して must を使っているのか）」によりニュアンスが変わるので注意しましょう。

では、2人称 you を主語にするとどうなるでしょうか？

You have to ... が「…しなさい」と強い義務や必要性を訴えるのに対し、You must ... は「…しないとダメだ（そうしないとみんなが困る）」とかなり強く感情的に発言しているように聞こえます。

それでは、次の2つの文をニュアンスの違いに注意して、日本語にしてください。

1. You **have to** save money for a rainy day.
2. You **must** save money for a rainy day.

ネイティブの解釈はこうなります。

1. 万一に備えて、お金を貯めておきなさい。
2. 万一に備えて、お金を貯めておかないとダメだ！（そうしないとみんなが困る）

1の have to は命令、もしくは強いアドバイスになりますが、2の You must ... は大げさで感情的な言葉になり、苦情を突きつけているようにも聞こえます。

そのためネイティブは、相手になにか命令・助言する場合、must よりも have to や need to を使うのです（ほかの You must ... の用法については、59ページの「『勧誘・思いやり』を表わす must」を参照）。

have to についても、もう少し触れておきましょう。have to を使った決まり文句は、ひとひねりした意味合いで使われるものが多く、日本語の直訳から少し発想を転換して解釈する必要があります。

たとえば、次の文はどういう意味になるでしょうか？

You'll **have to** excuse me.

これは「(強制的に) 私を許さなくてはいけないでしょう」、転じて「許してください」と相手に許しを請う決まり文句となります。では次の文はどうでしょう。

You don't *have to* be a genius to guess that.

これは「それを理解するのに天才である必要はない」→「そのくらい誰でもわかる」となります。

■ have to と同じ意味で使われる have ['ve] got to

余談ですが、話し言葉では have to と同じ意味で have got to (…しなくてはいけない) が使われ、主語につづけて 've got to の形で用いられます。

I'*ve got to* go.
行かなきゃ。

You'*ve got to* be kidding!
冗談でしょ！

■客観的必要性を示す need to

一方、ビジネスで使われることが多い表現は need to です。need to は「したくはないが」や「誰かに言われたから」といった個人的な感情は含まず、ただ単に「**それをする必要がある**」という**客観的必要性**を表わします。

We *need to* finish this report by Friday.
金曜日までにこのレポートを終わらせる必要がある。

Quality *needs to* be improved by the end of this month.
今月末までに品質を改善する必要がある。

need to が客観的な必要性を表わすため、I need to go.（「行く必要がある」→「行かないと」／「トイレに行く必要がある」→「トイレに行きたい」）のような表現も可能となるのです。

■「義務・必要」の否定表現の比較

「…する必要はない」「…すべきではない」といった義務・必要の否定を表わす言葉に、can't, don't have to, don't need to, had better not, shouldn't, may not, mustn't の7つがあります。この7つの語のニュアンスを比較してみましょう。

次の例文の下線部に上の7つの表現を入れ、「義務・必要」度の低い（柔らかな）ニュアンスから順に並べてください。

You ＿＿＿ leave your seat.（席を離れてはいけない）

ネイティブは次のように並べます。

・「義務・必要」度の低いもの（柔らかなニュアンス）
You **don't have to** leave your seat.
席を離れる必要はないです（が、できれば席を離れてほしい）。
どうぞそのまま。
※2つの意味に取れる文だが、最初の「できれば席を離れてほしい」のニュアンスのほうが強い。

You **don't need to** leave your seat.
どうぞそのまま。
席を離れる必要はないです（が、できれば席を離れてほしい）。
※2つの意味に取れる文だが、最初の「どうぞそのまま」のニュアンスのほうが強い。

You **shouldn't** leave your seat.
席を離れるべきではありません。
※shouldn't で「…すべきではない」と、禁止はできないものの、その行為は勧められないとほのめかす。

You *may not* leave your seat.

席を離れてはいけません。

※ may not で、規則などに用いて「…してはならない、…しないでください」という軽い禁止を表わす。

You'*d better not* leave your seat.

席を離れてはいけない。

※ had better not で「…してはいけない」と禁止を表わす。使い方によって、警告的なニュアンスにもなる。

You *can't* leave your seat.

あなたは席を離れられません。／席を離れてはいけません。

※ can't で「…できない」となり、意味的には禁止に近いものとなる。

・「義務・必要」度の高いもの（厳しいニュアンス）

You *mustn't* leave your seat.

（絶対に）席を離れてはいけない。

※ mustn't で「…してはいけない」となり、絶対的な禁止を表わす。

　don't have to と don't need to はほぼ同じ意味と考えていいのですが、微妙にニュアンスが異なります。

　You don't have to leave your seat. は、「（強制的ではないが）できれば席を離れてほしい」のニュアンスのほうが「どうぞそのまま」よりもやや強く、You don't need to leave your seat. は、「どうぞそのまま」のニュアンスのほうが「（強制的ではないが）できれば席を離れてほしい」よりもやや強くなります。

　一見するとややこしいのですが、「絶対に席を離れる必要がない」のであれば、**個人的な感情を含まず客観的な表現となる need を使うべき**であり、そこであえて have to を使うことで、「できれば席を離れてほしい」という「本音」が示されます。

　微妙なニュアンスの違いのため、特に気にしない人もいるでしょうが、そのように感じる場合もあるということを、頭の片隅に入れておくといいでしょう。

最後に例を示したように、**否定形の mustn't はかなり厳しいニュアンス**となるため、次のような法律上の禁止事項などにも用いられます。

You ***mustn't*** talk on your cellphone while driving.
運転中は絶対に携帯電話で通話してはいけない。

単なる不許可であれば may not でいいでしょうが、このように絶対的な禁止を伝えるのであれば、mustn't を使います。

■「必然性・確実性の推量」を表わす must

　must は推量の意味で使われる場合、「…に違いない」という強い確信を示します。

Judging by her accent, she ***must*** be Australian.
彼女のアクセントから判断して、オーストラリア人に違いない。

Something ***must*** be wrong with you.
何かあったに違いない。

　「…に違いない」を否定形にする場合、mustn't ではなく **can't**（…であるはずがない）を使います。先ほど述べたように、**mustn't は「…してはいけない」という禁止を表わす**ため、意味が変わってしまう可能性があるからです。

It ***can't*** happen to my child.
うちの子に限ってそんなはずはない。　※確信的な否定を表わす。

You ***mustn't*** miss it!
絶対に見逃すな！　※禁止を表わす。
⇨ただし、You can't miss it. のほうが一般的。

動作を表わす動詞の場合、**進行形では**「…しているに違いない」、**完了形では**「…したに違いない」という意味を表わします。

He *must* still be working at the office now.
彼はまだ会社で働いているに違いない。

I *must* have forgotten to shut down the computer.
コンピュータを消し忘れたに違いない。

ただし、must have ＋過去分詞は「（覚えていないが状況から）…したに違いない」という意味合いでのみ使うことを覚えておいてください。
そのため2番目の例文も、ニュアンス的には「（自分では覚えていないが、コンピュータがつけっぱなしになっている状況から）コンピュータを消し忘れたに違いない」となります。

■「勧誘・思いやり」を表わす must

You must ... は感情的な言葉になるため、絶対に使わないほうがいいのかといえば、あながちそういうわけではありません。
「ぜひ…してください」と言いたい時、You must ... の表現が非常に有効です。強制的な意味合いの must を使うことで、「勧誘」、さらには「思いやり」の気持ちをうまく伝えることができるのです。
たとえば、次の文はどのような意味になるでしょうか？

You *must* come visit us sometime.

ネイティブはこう解釈します。

△　そのうち遊びに来なければいけません。
○　そのうちぜひ遊びに来てね。

ここでは「遊びに来なきゃダメよ」→「ぜひ遊びに来てね」と must の強制的な意味合いを逆手に取って、「**ぜひ**」のニュアンスがうまく出ています。

You *must* visit Kyoto when you come to Japan.

これも「日本に来たら、京都を訪れなければいけない」よりも、「日本に来たら、ぜひ京都を訪れてください」という**勧誘の言い方**になるのです。
　You must ... の勧誘の例を紹介しましたが、「ぜひ…しましょう」と相手を誘う際は、**We must ...** を使うといいでしょう。たとえば、友達とゲームを楽しんだあとにこう言うと、どういう意味になるでしょうか？

We *must* do this again!

　△　これをまたやらなくてはいけない！
　○　ぜひまたこれをやろうね！

主語を we にすることで、「（私たちは）絶対に…しなくてはいけない」→「ぜひ…しましょう」と、相手を強く勧誘するフレーズになるのです。
　⇨ただし、We have to do this again! のほうが一般的。
　では、次の文はどうでしょう？

You *must* be tired.

ネイティブはこう解釈します。

　△　疲れているに違いない。
　○　さぞお疲れでしょう。

この must は推量の意味ですが、**You must ...** で、「**さぞ…でしょう**」と**思いやりの気持ち**が表わせるのです。

こう並べると「結局、You must ... はどう使えばいいの？」と混乱させてしまいそうですが、こればかりはできるだけ数多くのフレーズに触れ、「慣れる」しかありません。助動詞を理解するには、決まり文句と多読で「感覚をつかむ」のが重要です。

■「残念な思い」を表わす must

　少し言いにくい内容を「(私)…しないと」と表現する際、I must ... を使います。must を使うことで、「**本当はしたくないが、どうしても…しなければならない**」という、**残念な思い**を伝えることができるのです。
　訪問先を失礼する際、次の文はどういうニュアンスになるでしょうか？

　I *must* go.

　△　行かなくてはならない。
　〇　もう失礼しないと。

　I must go. は退席を告げる際の決まり文句で、義務感から「行かなくてはならない」と言っているのではなく、「(本当は行きたくないけれど) もう失礼しないと」という**残念なニュアンス**を表わします。
　⇨ただし、I have to go. のほうが一般的。

■「固執・主張」を表わす must

　must には強制的なニュアンスがあると繰り返しましたが、何かに対する固執や強い主張を表わし、「**どうしても…しようとする、…しないと承知しない**」という意味でも使われます。

　She *must* always do everything by herself.
　彼女は全部をどうしても自分でやらないと気がすまない。

　この場合 must を強く発音して、「どうしても…したい」という意志を強調

します。
　⇨ただし、She always has to do everything by herself. のほうが一般的。

■「必然性・運命」を表わす must

　must は「必ず…する」と「必然性」や「運命」を示すこともあります。

All living things *must* die.
生きているものは必ずや死ぬ。

　この must は、真理や普遍的な原理などを表わす際によく使われます。
　⇨ただし、All living things have to die. のほうが一般的。

■ Must I...? の返事

　Must I ...?(…しないといけませんか？)は、May I ...? や Might I ...? と同じで、やや古い感じの英語に聞こえます。あえて使う場合でも、Must I ...? には「(すごく嫌だけれど)…をしないといけませんか？」というニュアンスがあるため、できるだけ避けたほうがいいでしょう。

　また、Must I ...? と聞かれた場合、「はい」なら Yes, you must. でいいのですが、「絶対だぞ」と命令している感じになるので、注意が必要です。

　そして、「いいえ」の場合は、さらに注意しないといけません。No, you must not. では「いいえ、(絶対に) いけません」と「禁止」の意味になってしまうのです。そのため **No** の場合は、一般的に No, you don't have to. や No, you need not.（いいえ、その必要はありません）と答えます。

Must I finish this report by tomorrow?
このレポートを明日までに終わらせないといけませんか？　※嫌々言っているようなフレーズ。

Yes, you *must*.
はい、そうです（終わらせなくてはいけません）。　※「絶対だぞ」と命令しているように聞こえる。

No, you **need not**.
いいえ、その必要はありません。

No, you **don't have to**.
いいえ、どうしても必要というわけではありません。

では、「…しなくてはいけませんか？」と、「すごく嫌だけど」というニュアンスを感じさせずに、ごく「普通に聞く」なら、Must I ...? の代わりに何を使えばいいでしょうか？　この場合、

Do I **need to** finish this report by tomorrow?
このレポートを明日までに終わらせないといけませんか？

と need to を使ってたずねるのがいいでしょう。すでに紹介したように（55ページ参照）、**need to なら客観的な表現になるので、嫌々言っているようには聞こえません**。そのため、ビジネスの場では need to が多用されます。

この場合の No の返事は、**No, you don't.** が一般的です。Do I have to ... ? に対しても、**No, you don't.** で返せばいいでしょう。単純な質問に、No, you don't have to. や No, you don't need to. といちいち丁寧に答えると、かえって嫌味で言っているように思われます。

では、次のやり取りはどのようなニュアンスになるでしょうか？

A: Do I **need to** put down a deposit?
B: No, you don't **have to**.

ネイティブの解釈はこうです。

A: 保証金が必要ですか？
B: いいえ、どうしても必要というわけではありません（でも、用意してもらえると助かります）。

No, you don't need to. では「いいえ、その必要はありません」で終わってしまいます。しかし、「その必要はないんだけど…」と、本音を言えばやってほしいような時、**No, you don't have to.** なら、「その必要はないんだけど（そうしてもらえると助かります）」という微妙なニュアンスが出せます（56ページの「『義務・必要』の否定表現の比較」参照）。

■ No, you must not ［mustn't］. はどんな状況で使う？

では、返事で No, you must not.（いいえ、してはいけません）を使うのはどのような時でしょうか？　日常会話ではあまり使わない（というよりも、キツい表現となるため使うべきではない）のですが、あえて言えば、May I ...?（…してもいいですか？）のように許可を求められた場合でしょう（33ページの「『許可』を表わす may」を参照）。たとえば、

May I smoke here?
ここでタバコをすってもいいですか？

と聞かれて Yes の場合、

Sure.　いいですよ。
Of course.　もちろん。

などと答えるのが一般的です。一方、No の場合は、

I'm sorry, you *can't*.
残念ながら、ダメです。

と答えるほうが自然です。しかし、**ストレートに「不許可」を伝える**のであれば、may not を使います。

No, you *may not*.
いいえ、ダメです。

しかし上の立場の者が、下の者に感情的なくらい強く「禁止」を伝えるのであれば、

No, you *must not* [*mustn't*].
いいえ、絶対にいけません。

ときっぱり言うことも可能でしょう。

■名詞の must

最後に、名詞の must も紹介しておきましょう。must に名詞形があることを知らない人も多いのですが、must は「なくてはならないもの」「絶対に見た[聞いた]ほうがいいもの」という意味で、会話でもよく使われます。

Advertising is a *must* for increasing sales.
売上向上のためには宣伝が必要だ。

A thesis is a *must* for graduation.
卒業するには論文を出さなければならない。

must の使い方が大体理解できたら、定型表現集でそのニュアンスをつかみましょう。

mustの定型表現集

mustを使った定型表現を紹介します。いずれもネイティブがよく使う言いまわしですから、そのまま覚えるようにしましょう。

※英文が2つ並んでいる場合、⇨のほうがより一般的な表現となる。

Everyone must die.	すべての人は必ず死ぬ。
How many times must I tell you this?	何度言えばわかるの？
I must ask you to excuse me.	すみませんが失礼させていただきます。
I must be boring you.	つまらない話をしてすみません。
I must be off.	もう行かないと。
I must go. ⇨ I have to go.	もう失礼しないと。
I really must stop smoking. ⇨ I really have to stop smoking.	絶対にタバコを止めるぞ。
If you say so, it must be so.	あなたがそう言うなら、きっとそうなんでしょう。
It must be hard.	大変でしょうね。
It must be nice to be you.	あなたがうらやましい。／いいな。
It must be rough on you.	あなたも大変ですね。
It must have been hard for you.	さぞつらかったことでしょう。
It must have been luck.	それはきっと運が良かったに違いない。
Must I paint you a picture? ⇨ Do I have to paint you a picture?	詳しく説明しないといけない？（しなくてもわかるよね？）
Sorry, I must have the wrong number.	すみません、間違い電話です。
There must be something wrong with it.	何か問題があるようだ。
We must do this again! ⇨ We have to do this again!	ぜひまたこれをやろうね！

You must be excited!	楽しみでしょう！
You must be flattering me. → You're flattering me.	うそばっかり。／からかっているんでしょう。
You must be happy about that.	それはよかったね。
You must be joking.	冗談でしょう。
You must be tired.	さぞお疲れでしょう。
You must be true to your words. → You have to be true to your words.	自分の発言に責任を持ちなさい。
You must come visit us sometime. → You have to come visit us sometime.	そのうちぜひ遊びに来てね。
You must have been really tired.	よほど疲れてたんだね。
You must have had a nice day.	今日はいい日だったみたいだね。
You must have heard me wrong.	聞き違いだよ。／私はそんなことを言った覚えはない。
You must have it wrong.	それは誤解だ。
You must save money for a rainy day. → You have to save money for a rainy day.	万一に備えて、お金を貯めておきなさい。
You mustn't do it. → You'd better not do it.	それをしてはいけない。
You mustn't leave your seat. → You can't leave your seat.	席を離れてはいけません。
You mustn't miss it! → You can't miss it!	絶対に見逃すな！

shall

　shallはアメリカではそう頻繁に使われません。しかし、イギリスでは今も上流階級を中心に使われています。そのため、少し気取った言いまわしにとられてしまうのかもしれません。
　アメリカ人がshallを使うのは決まり文句がほとんどです。What shall we do?（どうしましょう？）よりも、What are we going to do?（どうしようか？）を、Shall we go?（まいりましょうか？）より、Should we go?（行きますか？）を好んで使う傾向があり、shallはあまり使われなくなっています。使われるとしても、おもに法令や条文のようなフォーマルな文が多いという印象があります。
　ここではshallの用法をひと通りおさらいしましょう。

■「義務・意志」を表わす shall
　I shall ... で「きっと…します」と強い義務や意志を表わします。

　I *shall* never forget your kindness.
　あなたの親切は決して忘れません。

　ただしこの意味は主語がIの時だけで、YouやHe / Sheなどが主語の場合は、次で紹介する用法となります。

■「話し手の意志」を表わす You [He / She] shall ...
　I shallの場合、話し手であるI（私）の意志を表わしますが、主語が2人称、

3人称の場合、「(主語)に…させよう」と「話し手の強い意志」を表わします。

She ***shall*** go.
彼女を行かせます。
⇨ただし、I'll ask her to go. のほうが一般的。

You ***shall*** have it for nothing.
それをタダであげよう。
⇨ただし、You can have it for nothing. のほうが一般的。

このように、おもに自分より下の立場の者に対して使いますが、現在の一般的な会話では I'll ... や You can で表現します。

■「命令・禁止」を表わす shall
法令などに使われる際の用法で、「…せよ」と**命令や禁止**を表わします。

The following public records ***shall*** be kept confidential.
以下の公的記録は機密にせよ。

No letter or character ***shall*** be altered in preparing documents for investigation procedures.
審査手続のために文書を作成する際、文字等を変更してはならない。

■「丁寧な勧誘」を表わす shall
Let's ... を付加疑問文にする場合 shall を用い、**Let's ..., shall we?** で「…しましょうか？」という丁寧な勧誘を表わします（おもにフォーマルな文章）。

Let's go to the park, ***shall*** we?
公園に行きましょうか？

■「未来」を表わす shall
　意志を含まず、単に「…するでしょう」と未来を表わします。アメリカ英語の口語ではほとんど耳にしませんが、イギリス英語では今も使われます。

　I *shall* be 20 years old next week.
　私は来週20歳になるでしょう。
　⇨ただし、I'll be 20 years old next week. のほうが一般的。

■「予測・予言・運命」を表わす shall
　形式的な文章で「(必ず)…するだろう」と予言する際に用います。

　All *shall* die.
　人はすべて死ぬだろう。

　この用法の shall で有名なのが、ダグラス・マッカーサー（アメリカの陸軍元帥で、第2次世界大戦後の日本占領連合国軍の初代最高司令官）が、フィリピンから一時撤退する際に残した I shall return.（私は必ずや戻って来るだろう）です。shall を使うことで「必ず」というニュアンスが出ます。
　よく映画『ターミネーター』でのアーノルド・シュワルツェネッガーのセリフ I'll be back.（すぐ戻るよ）と比較されますが、I'll... の場合もう少し異なるニュアンスが含まれます（96ページ参照）。

■「意向」をたずねる Shall I ...?
　「…しましょうか？」と相手の意向や希望をたずねる場合、Shall I ...? を使います。自分から何かを申し出る場合に使うフレーズのため、控えめなニュアンスに聞こえます。

　Shall I give you a ride?
　車で送りましょうか？

ただし、このように聞く場合、通常の会話では **Do you want me ...?** や **Would you like me ...?** を使うほうが一般的です。

また、Shall I ...? と聞かれた場合、その返事は次のようになります。

Shall I have him call you back?
折り返し彼に電話をさせましょうか？
⇨ただし、Should I have him call you back? のほうが一般的。

＜ Yes の場合＞
Yes, please.
はい、お願いします。

＜ No の場合＞
No, thank you.
いいえ、結構です。

■ Let's ... と Shall we ...? の違い

Let's ... も Shall we ...? も、ともに相手を誘う際の表現ですが、Let's が一方的に「…しよう」と積極的に誘うのに対し、Shall we ...? は「…しませんか？」と相手の意向をうかがう丁寧な誘い方になります。相手の意見を聞く点で、Shall we ...? のほうがより控えめな表現といえるでしょう。

Shall we get going?
行きましょうか？
⇨ただし、Should we get going? のほうが一般的。

＜ Yes の場合＞
Yes, let's.
はい、そうしましょう。

＜No の場合＞
　No, let's not.
　いいえ、やめましょう。

■技術英語における shall と will の違い
　アメリカ英語では shall の代わりに will を使う傾向がありますが、技術英語などで用いる場合、shall と will には明らかな違いがあります。
　たとえば、次の2つの文における shall と will の違いがわかりますか？

1. This tool *shall* be able to endure temperatures of up to 120 centigrade.
2. This tool *will* be used to apply pressure to welded parts.

　ネイティブの解釈ではこうなります。

1. この道具は120度まで耐えられます。
2. この道具は溶接された部品に圧力をかけるために使われます。

　1の文は「…120度まで耐えうるものです」という意味合いで、shall は**そもそもの仕様として必要・可能とされる能力**を示します。法令文などによく使われる言い方で（「shall の定型表現集」参照）、フォーマルな堅さを出した表現といえるでしょう。
　一方、2の will は「**…するために使われます**」と、あくまで客観的かつ事務的な印象を与える言い方です。
　技術仕様書や法令文は、ちょっとした言いまわしでも問題になります。そのため、些細なニュアンスの違いによる誤解を回避するため、shall と will をきちんと使い分けているようです。
　ただし、こうした文も普通に表現すれば、次のようになります。

1. This tool *has to* be able to endure temperatures of up to 120 centigrade.
2. This tool *is going to* be used to apply pressure to welded parts.

　最近は英文のマニュアルを目にすることも多いでしょうから、このshallとwillの使い分けは、ぜひ覚えておいてください。

　shallの使い方が大体理解できたら、定型表現集でそのニュアンスをつかみましょう。

shall の定型表現集

shall を使った定型表現を紹介します。いずれもネイティブがよく使う言いまわしですから、そのまま覚えるようにしましょう。

※英文が２つ並んでいる場合、⇨のほうがより一般的な表現となる。

Bake, so shall you eat.	自分のやったことは自分で責任を取れ。／身から出たさび。
As you sow, so you shall reap.	身から出たさび。／因果応報。
Ask and you shall receive.	求めよ、されば与えられん。[聖書より]
I shall always be pleased to reciprocate. ⇨ I'm happy to reciprocate.	いつでも喜んでお返ししたいと思います。
I shall be only too pleased to help you. ⇨ I'll be happy to help you.	いつでも喜んでお手伝いさせていただきます。
I shall do my utmost. ⇨ I'll do my utmost.	最大限の努力をします。
I shall never forget your kindness. ⇨ I'll never forget your kindness.	あなたの親切は決して忘れません。
I shall return. ⇨ I'll be back.	必ず戻ります。
If you sell me out, you shall be dead. If you sell me out, you're going to die.	裏切ったら殺す。
Shall I have him call you back? ⇨ Should I have him call you back?	こちら（彼）から電話させましょうか？
What shall I bring?	何を持っていけばいいですか？
Whom shall I say is calling? ⇨ Who should I say is calling?	どなたからの電話とお伝えすればよろしいでしょうか？
You shall have it for nothing. ⇨ You can have it for nothing.	タダでそれをあげましょう。

should

shouldを「…すべきだ」「…しなければならない」という「強い義務」の意味でとらえている人が多いようですが、ネイティブからすれば、shouldに**そこまで強い命令的なニュアンスはありません。**

実際に例文で見ていくとその感覚がつかめるでしょうから、早速、問題に挑戦してみましょう。次の文を、ネイティブはどのようなニュアンスで使っているでしょうか？

1. Maybe you *should* call this number.
2. You *should* at least have breakfast.

ネイティブの解釈はこうなります。

1. この番号に電話したほうがいいんじゃない？
2. せめて朝食くらい食べればいいのに。

1を「おそらくきみはこの番号に電話するべきだ」、2を「せめて朝食は食べるべきだ」と訳した人もいると思います。

しかし、実際はそれほどの強制力を持たず、**「…したほうがいい」**くらいのニュアンスになります。shouldを「…すべきだ」と解釈すると、本来の意味合いよりも強くなってしまうため、日本人にはかなり誤解されているように感じます。ここでぜひ、本来ネイティブが意図するニュアンスをつかんでください。

■「義務・当然・助言」を表わす should
　should は「義務」や「当然の行ない」を表わしますが、**must** や **ought to**, **had better** よりも弱く、命令というよりもアドバイスに近い表現で使われることがほとんどです。そのため、

　　He *should* be in bed.

は、「彼は寝てなければいけない」という強い言い方ではなく、「彼は寝たほうがいいよ」くらいの表現になります。会話では、おもにこの「…したほうがいい」という穏やかな提案、助言で用いられます。ただし You should ... と面と向かって相手に言う場合、裏の意味があるので注意が必要です。これに関しては、のちほど詳述します。

■「過去の行動を悔やむ」should have + 過去分詞
　should have + 過去分詞で、「…すべきだったのに（しなかった）」と過去の行動を悔やむ表現となります。この場合は、「…すべきだったのに、実際はしなかった」と相手を責めるニュアンスが含まれています。

　　He *should* have married her.
　　彼は彼女と結婚すべきだったのに（しなかった）。

　否定形にした場合、「…すべきではなかったのに（してしまった）」と逆の意味になります。

　　You *shouldn't* have done that.
　　そんなことをすべきではなかったのに（してしまった）。

　この場合、主語の人称が何であるかにかかわらず、過去の行動に対する非難を表わします。

■ should と ought to の違い

　規則や習慣から「…するべきだ」という意見を述べる際、should と ought to がよく使われます。この2つは意味的にも近いのですが、**should がおもに個人的な意見を述べる際に使われる**のに対し、**ought to は客観的な意見の**ニュアンスが強くなり、義務のように聞こえます。

　では、助動詞の違いを出して次の文を日本語にするとどうなるでしょうか？

1. He ***should*** come early.
2. He ***ought to*** come early.

ネイティブの解釈はこうなります。

1. 彼は少し早めに来るといいよ。
2. 彼は早めに来るべきだ。

　1は個人的なアドバイスになるのに対し、2は「規則や慣例上そうするべきだ」という客観的な意見になります。

　また、ought to の「…するべきだ」という発言は、よく考えた末の発言ではなく、ちょっとした思いつきのようにも聞こえるため、堅い議論ではなく、日常会話でよく用いられます。

　特に短縮形の oughta [oughtta] は、スラングに近い乱暴な表現に聞こえます。そのため、ビジネスでは ought to ではなく、should が好まれます。

■ should と had better の違い

　had better も義務や当然の行ないを表わしますが、**had better** には「…したほうがいいぞ（さもなければ…）」という**強迫・警告**に近いニュアンスが含まれます。そのため、**ちょっとしたアドバイスなら should を、警告的な意味合いを含む場合には had better が**使われます。

　では、助動詞の違いを出して次の文を日本語にするとどうなるでしょうか？

1. He *should* take some time off.
2. You'*d better* be prepared.

ネイティブの解釈はこうなります。

1. 彼は少し休んだほうがいい。
2. 覚悟しておいたほうがいい（さもないと大変なことになるぞ）。

1は助言・忠告ですが、2は警告的な意味合いがあるため、「さもないと…」と反語的なニュアンスも読み取れます。
　しかし、「had better＝警告」になるのかといえば、すべてがそうとは言いきれません。次の文のように、**明らかにアドバイスとわかっている状況**であれば、had better を使って問題ありません。

You'*d better* go to the hospital.
病院へ行ったほうがいいよ。

　アドバイスとして You'd better ... を使うなら、誤解を避けるために maybe を**頭に付ける**のが効果的です。**Maybe you'd better ...** で「…したほうがいいんじゃないかな」という**穏やかな提案**になるので、ネイティブも非常によく使います。

Maybe you'd better be on time.
時間どおりに来たほうがいいんじゃない？

Maybe you'd better consider all the possibilities.
あらゆる可能性を考えておいたほうがいいんじゃないか。

　同様に、Maybe you should ... も婉曲的な提案になります（82ページ参照）。had better が強迫めいたニュアンスとなるのは、相手に向かって You'd better ... と言う場合だけです。I'd better ... や She'd [He'd] better ... は、そのような意味合いにはなりません。

■ **「義務・当然・助言」の表現の比較**

「…したほうがいい」「…するべきだ」という「義務・当然・助言」の表現として、おもに could, had better, have to, might, must, ought to, should の7つが挙げられます。丁寧な提案から命令までを順に並べると、次のようになります。

You *might* apologize to him.
彼に謝ってみてはいかがでしょうか。　＊丁寧だが、丁寧すぎて嫌味に受け取られる可能性もある。

You *could* apologize to him.
彼に謝ったらどうでしょう。　※謝るという選択肢もある、というやんわりした提案になる。

You *should* apologize to him.
彼に謝ったほうがいいよ（しないだろうけど）。　※個人的な忠告に聞こえる。

You *ought to* apologize to him.
彼に謝ればいいのに。　※やや客観的な忠告に聞こえる。

You *had better* apologize to him.
彼に謝ったほうがいい（そうしないと大変なことになる）。　※警告的なニュアンスに聞こえる。

You *have to* apologize to him.
彼に謝るべきだ。　※客観的な注意に聞こえる。

You *must* apologize to him.
彼に絶対に謝らなくてはいけない。　※命令に聞こえる。

■「推定・見込み・期待」を表わす should

should で「…のはずだ」「きっと［おそらく］…だろう」と、推定や見込み、期待を表わす場合があります。未来に関する可能性を考えての発言ですが、確信度の高い表現となります。

He *should* be here soon.
彼はもうすぐここに来るはずです。

推量や可能性を表わす助動詞には、ほかに could, may, might, must などもあります。(18 ページの「『可能性表現』の程度の違い」を参照)。

■「義務・必要性」を表わす I should ... の本音

I を主語にして I should ... と義務や必要性を表わす場合、その言葉どおりに受け取れないことがあります。たとえば、ある映画の 1 シーンで、パーティ会場にいる主人公が時間を気にしてこう言いました。

I *should* go now.

「『もう行かなければいけない』ということは、この会場を立ち去るんだな…」と思うかもしれませんが、映画の主人公はそのままパーティ会場に残っています。それはなぜでしょうか？
　ネイティブは、こう解釈します。

もう行かないと（いけないのはわかってるんだけど、なかなか帰れないんだよね）。

つまり、この I should ... は「（私としては）…したいのですが（できない）」と、自分としてはその必要性がわかっているものの、なかなか実行に移せない時に使うフレーズ、と考えるといいでしょう。それでは、次の文はどうなるでしょうか？

1. I *should* eat this bell pepper.
2. I *should* study for the test.

ネイティブの解釈はこうなります。

1. ピーマンを食べないと（いけないのはわかってるんだけど、食べられないんだよね）。
2. テスト勉強をしないと（いけないのはわかってるんだけど、やる気にならないんだよね）。

言うなれば、**建前と本音**です。I should ... で自らの義務を語るものの、それを実行に移すかどうかは別の話になるのです。

■「提案」を表わす You should ... の本音（You should ... instead of ...）

I should ... に本音が隠されているように、You should ... にも裏の意味があります。実はネイティブが You should ... と言う時、その言葉の陰には「…**したら？（そんなことをしていないで）**」という非難めいた含みがあります。そのため、面と向かって You should ... と使うことは、あまりありません（これまで紹介した例文であまり You should ... を使っていないのは、そういう理由からです）。

たとえば、次の文はどのような意味になるでしょうか？

You *should* go on a diet.

△　ダイエットするべきだ。
○　ダイエットしたら？（そんなに食べてないで）

この should には嫌味のニュアンスが含まれるので、親子やよほど親しい間柄でのみ使うと考えたほうがいいでしょう。このフレーズのあとに、instead of ...（…しないで）がつづくと想像すれば、理解しやすいはずです。

You *should* go on a diet (instead of eating so much).

ほかの例も挙げてみましょう。

You ***should*** clean up your room (instead of going out).
部屋を掃除したら？（出かけたりしないで）

You ***should*** study for the test (instead of playing).
テスト勉強したら？（遊んでないで）

とはいえ、相手にどうしても意見しなければいけない場合、どうしたらいいでしょう？ そんな時は、すでに紹介した Maybe you'd better ... と同じく（78ページ参照）、**頭に maybe を付ければいいのです。**

■「婉曲的な提案」を表わす Maybe you should ...

頭に maybe を付けるだけで、You should ... のネガティブなニュアンスが抑えられます。**Maybe you should ... で「…したほうがいいんじゃない？」**と婉曲的な提案になります。

Maybe you should clean up your room.
部屋を掃除したほうがいいんじゃない？

Maybe you should study for the test.
テスト勉強したほうがいいんじゃない？

また、過去の出来事であれば、**should have ＋ 過去分詞に maybe** を付ければいいのです。

Maybe you should have done something.
何かしておけばよかったんじゃない？

Maybe you should have told me sooner.
もっと早くに言えばよかったのに。

You should have ＋ 過去分詞 は、「やるべきことをしなかった」と過去の行為に対する非難や後悔を表わすため、頭に maybe を付けずに言うと、非常に攻撃的な言葉に聞こえて、以下のような言い争いになってしまうこともあります。

A: You should have studied harder!
B: Well, you should have helped me!

A：もっと勉強すべきだったんだよ！
B：それなら、きみが手伝ってくれればよかったんだ！

Maybe you should have studied harder.（もっと勉強すればよかったんじゃない？）と言えば、このような口論にならなかったでしょう。maybe があるかないかで、印象はまったく変わります。ぜひこのような「気配りの言いまわし」を覚えてください。

■「せめてもの提案」を表わす You should at least ...

You should ... のニュアンスを和らげる言いまわしとして、**You should at least ...**（せめて…［くらい］すればいいのに）も覚えておきましょう。

You ***should at least*** try to check it out.
せめて確かめるくらいのことはしてみるといいよ。

「むりなのはわかるけれど、せめて…（くらい）してほしい」と、へりくだった言い方になるので嫌味に聞こえません。

■「確実度の高い推測」を表わす should have ＋ 過去分詞

should have ＋ 過去分詞で「(当然)…してしまっているはずだ」と未来に対する確実度の高い推測を表わすことがあります。

He ***should*** have arrived in Tokyo by now.
今頃、彼は東京に着いているはずだ。

同じ形で「…すべきだったのに(しなかった)」と過去の行動を悔やむ用法もありますが、この確実度の高い推測の場合、時間に関係した内容が多いので、すぐに判断できるはずです。

■仮定法で「仮定の結果」を表わす should

仮定法過去などで、「(仮に)…ならば、…であろうに［…するのだが］」と表現する際、should は帰結節で「**仮定の結果**」を示します。ただし今ではめったに使われない表現で、古く感じる英語になります。

If Layla were my wife, I ***should*** be very happy.
レイラが僕の妻なら、とても幸せだ。
⇨ただし、If Layla were my wife, I ***would*** be very happy. のほうが一般的。

この場合、if 節が省略されることもよくあります。

S*hould* you go by air, you can leave on Friday.
飛行機で行くならば、金曜日に出発できます。
⇨ただし、If you go by air, you can leave on Friday. のほうが一般的。

これは形式張った言い方と思われていて、今ではアメリカでもイギリスでも、would を使うのが一般的です。

■「願望」を表わす I should ...
　I should +「思う・考える」の意味の動詞（guess, imagine, like, say, think）で、「（私としては）…なのですが」「…したいのですが」「どうも…らしい」という意味が表現できます。

I should think that Mr. Smith has already retired.
スミスさんはすでに退職されていると思いますが。
⇨ただし、I think that Mr. Smith has already retired. のほうが一般的。

I should like to thank you for all your help.
ご親切に感謝します。
⇨ただし、I'd like to thank you for all your help. のほうが一般的。

いずれも堅い言い方に聞こえるため、一般的には⇨で示した言い方をします。

■ that 節の中で用いられる should
　It is ... that S should + 動詞の原形で、話し手の感情（驚き・当然・善悪など）を表わします。この際、natural, right, strange, surprising といった話し手の判断や感情を表わす形容詞や名詞がともに用いられます。

It's natural that you ***should*** be anxious.
あなたが不安になるのも当然です。
⇨ただし、It's natural that you're anxious. のほうが一般的。

例として客観的な事実を述べる場合、should は使いません。

It's natural that children want to feel accepted by their peers.
子供が仲間から受け入れられたいと思うのは当然だ。

　また、主語のあとに「提案・主張・願望」などの意味を示す動詞（propose,

suggest, insist など）が使われる場合、その that 節には should が用いられますが、省略されて**動詞の原形**が使われることがよくあるので注意しましょう。

I proposed that we accept our competitor's merger offer.
ライバル社からの合併の申し出を受け入れることを提案した。

　３人称単数の名詞（代名詞）のあとにつづく動詞も**原形不定詞**になりますので、くれぐれも注意が必要です。

Linda insists that he *go* there.
リンダは彼がそこに行くべきだと主張している。

　that が省略されることもあります。

My sister suggests I take a physical.
妹が健康診断を受けるように勧めている。

■「仮定の話」を表わす should
　if ＋ 主語 ＋ should ... で、「もし万が一…したら」と仮定の話であることを表わします。

***If* you *should* see him, give him my best wishes.**
もし彼に会ったら、よろしく伝えてください。
⇨ただし、If you see him, give him my best wishes. のほうが一般的。

　書き言葉にほぼ限定されますが、if が省略されて、主語と should の語順が逆になることがあります。

***Should* you be interested in our service (＝ If you *should* be interested in our service), please visit our Web site.**

弊社のサービスに関心を持たれた方は、ぜひ弊社ホームページをご覧ください。
⇨ただし、If you're interested in our service (= If you should be interested in our service), please visit our Web site. のほうが一般的。

■「驚き・苛立ち」を表わす疑問詞 + should

Why should ...? のように、疑問詞 + should で「どうして…なのか？」と驚きや苛立ちを表わします。

Why *should* I tell you?
なぜあなたに言わなくてはいけないの？→あなたの知ったことではない。

A: Where's Dave?
B: How *should* I know?

A: デイヴはどこ？
B: どうして僕にわかる？（僕が知っているわけがないだろう）

このような疑問詞 + should は、反語的な意味の決まり文句としてよく使われます。

should の使い方が大体理解できたら、定型表現集でそのニュアンスをつかみましょう。

shouldの定型表現集

shouldを使った定型表現を紹介します。いずれもネイティブがよく使う言いまわしですから、そのまま覚えるようにしましょう。

※英文が2つ並んでいる場合、⇨のほうがより一般的な表現となる。

How should I know?	わかるわけないだろう？／そんなこと知らないよ。
I did more than I should have.	出過ぎたまねをしてしまった。／調子に乗りすぎた。
I guess I should be going.	そろそろ行かないといけません。
I said more than I should have.	言いすぎました。／余計なことを言ってしまった。
I should be asking you that.	それを聞きたいのはこっちだ。
I should be getting home.	そろそろ帰らないと。
I should be going.	もう行かないと。
I should be the one thanking you.	お礼を言うのはこちらです。
I should have introduced myself earlier.	申し遅れました。／もっと早く自己紹介するべきでした。
I should have known better.	もっとよく知っておくべきだった。／私としたことが。
I should have known better than to say that.	そんなことを言った私がバカでした。
I should have known that was going to happen.	そうなることは考えておくべきだった。
I should have said something sooner.	もっと早くに何か言うべきだった。／言うのが遅すぎた。
I should like to thank you for all your help. ⇨ I would like to thank you for all your help.	ご親切に感謝します。
I should say so.	まあそうだろうね。
I should think not.	当然そのようなことはない。
I should think so.	そう願います。

I should've liked to do it. → I would've liked to do it.	そうしようとは思ったんですけどね。
I think it should be okay now.	今は大丈夫なはずです。
It should start raining soon.	もうすぐ雨が降り出すはずだ。
Like you should talk.	あなたの口出しする問題ではない。／偉そうに。
Maybe I should make it clear.	はっきりさせておいたほうがいいかもしれません。
That should be okay.	大丈夫でしょう。
There's something you should know.	知っていてもらいたいことがある。／ちょっと話があるんだけど。
We should get together sometime.	またいつかお会いしたいですね。
What should we do first?	まず何をすればいい？
Why should I tell you?	なぜあなたに言わなくてはいけないの？／あなたの知ったことではない。
You should be ashamed of yourself.	恥を知るべきだ。
You should apologize to her.	彼女に謝ったほうがいい。
You should be.	当然だよ。
You should be in school.	学校にいたほうがいいよ。
You should be proud of yourself.	自分に誇りを持ちなさい。／よくがんばりましたね。
You should be so lucky!	それはむりだよ！
You should send her an e-mail.	彼女にメールしなよ。
You should check this out.	これを見て。
You should come early.	早めに来るといいよ。
You should have been there.	あなたもいればよかったのに（いなかった）。／見ものだったよ。
You should have seen it!	あなたに見せたかった（見られなかった）。

You should have stayed longer.	もっとゆっくりしていってくれればよかったのに（帰ってしまった）。
You should have told me sooner.	もっと早く言ってくれればよかったのに（言わなかった）。
You should know.	わかっているはずだ。／とぼけないで。
You should have know when to give up.	人間、あきらめが肝心だ。
You should see this!	ちょっとこれ見て！
You should take some time off.	少し休んだほうがいいよ。
You should talk.	話してください。／人のことが言えるのか。／よく言うよ。
You shouldn't talk so much.	しゃべりすぎないほうがいい。／口を慎みなさい。
You should think so.	そう願いますね。
You shouldn't have.	そんなことしなくてもいいのに。
You shouldn't say that.	それは言うなって。
You shouldn't say things like that.	そんなことは言わないほうがいい。
You shouldn't have done that.	そんなことをすべきではなかったのに（してしまった）。

will

willは、大きく「未来」（単に未来［の時制］を示すものと、主語の意志を示すもの）と「依頼・勧誘」の2種類の意味に分けられます。まずは「未来」の用法から見ていきましょう。

■「未来（単に未来［の時制］を示すものと、主語の意志を示すもの）」を表わす will

willは未来を表わしますが、未来の表現には、「…するだろう」と主語の意志と関係のない「**単に未来（の時制）を示す**」ものと、「**…します**」「**…するつもりです**」と主語の意志を表わすものの2種類あります。どちらになるかは、文脈から判断するしかありません。では、次の文を見てみましょう。I'llはI willの短縮形ですが、ここではあえてこの2つを使い分けていると考えてください。

1. I'**ll** be back in a second.
2. I **will** climb Mt. Everest.

ネイティブの解釈は次のようになります。

1. すぐ戻ります。
2. エベレストに登るつもりです。

1は未来に起こることを示す表現ですが、こちらは計画的に考えて発言したというより、「**その場でとっさに口にした**」場合の言い方になります。

一方、2は「…します」と話し手の意志を強く表現します。

話し手の意志が否定形の will not [won't] で表現されると、「…しないだろう」よりもさらに強く決意が示され、「**どうしても…しようとしない**」と**拒絶**する感じになります。

I **won't** let her go.
彼女を手放すものか（絶対に彼女を手放さない）。

■口語の I will と I'll

先ほどの2つの例文で、単に未来を示す表現では I'll が、意志を示すものでは I will が使われていることにお気づきでしょうか？ 学校英語では、「I will の短縮形が I'll です」としか習っていないかもしれませんが、ネイティブは**状況に応じて、この2つをよく使い分けます**。堅い文章は別として、会話やメールなどの日常的なやり取りでは、ほぼ使い分けているといえるでしょう。

何かを決意している時、また**自分の意志を強調したい時**、I will と will をはっきり発音します。

一方、I'll と短縮する場合は、**その場でとっさに決めたことを口にする時**です。そこに「…します」という意志が含まれる場合もありますが、前々から計画して抱いていた意志ではなく、その場で**即断した意志**が表現されます。

では、次の文を話し手の意志を示すものと、単なる未来を示すものの2つのニュアンスに注意して日本語にすると、どうなるでしょうか？

1. I **will** go to Paris.
2. I'**ll** go to Paris.

ネイティブの解釈はこうなります。

1. 何があっても絶対にパリに行く。　※パリに行くという決意表明。
2. パリに行くよ。　※パリに行くことを、今決めた。

1人称のIを主語にした場合、「私は絶対に…する」という意味になりますが、3人称や物などが主語の場合は、「絶対に」というほどの強い意志は表わしません。

それでは、普通に「ハワイに行くことになっている（ハワイに行く予定だ）」と先々のスケジュールを伝える時は、どうすればいいでしょうか？

この場合、次のように言えば意図したニュアンスで伝わります。

I'***m going to*** go to Hawaii.
ハワイに行くことになってるんだ。　※未来の予定を伝える。

学校で、will と be going to の書き換え問題を命じられるかもしれませんが、この2つはニュアンスが異なるので、その違いをふまえた上で使うようにしましょう。

■未来の出来事を示す will ['ll] と be going to の違い

will ['ll] も be going to も、ともに未来の出来事を表わす際に、ほぼ同じようなニュアンスで用いられますが、「いつその予定を決めたか」で使い方が変わります。

一般的に、「あらかじめ決めていた予定」に対しては be going to を、急に「…しよう」とその場で思いついたような「とっさの判断」には will ['ll] を使うと考えればいいでしょう。

・I'll ［I will］で「…します」「(じゃあ) …するよ」

will ではなく短縮形の 'll を用いる場合、その場で下したような「とっさの判断」が表現されます。たとえば電話が鳴って、とっさに「出るよ」と口にする場合は、I will ではなく I'll を使います。

I'***ll*** answer it.
私が出るよ。

日本語でいう、「（じゃあ）…するよ」という感覚が、I'll だと考えればいいでしょう。ただしこの場合も、I will answer it. とあえて will を強調して言えば、「私が（電話に）出るんだ」と意志を明確にしたニュアンスになります。

　余談ですが、一般的に "Bill will" を Bill'll とは表記しません。そのためこの場合、意志だけでなく未来を表わす場合も "Bill will" と書きます。

　ただし発音する場合は、Bill will［意志］と Bill'll［未来］というふうに使い分けします。

　応用表現の、I think I'll ...（…するよ、…しようと思う）や Maybe I'll ...（…しようかな）といった「曖昧な表現」は、日常会話では非常によく使われます。ぜひ覚えておきましょう。

I think I'll pass.
　やめておこうかな。

Maybe I'll go, and **maybe I won**'t.
　行くかもしれないし、行かないかもしれない。

- **I'm going to ...** で、「…するつもりです（予定）」「…します」

　一方、be going to はあらかじめ決まっていて準備が進んでいるような予定を伝える際に用います。一般的に、先々のスケジュールを伝える際は、こちらを使います。

I**'m going to** be a father soon.
　もうすぐ父親になります。　※前々から子供が生まれるのがわかっている。

　実際の会話でネイティブは、意図的に be going to と will［'ll］を使い分けます。次のやり取りを日本語にすると、どのようになるでしょうか？

A: I'***m going to*** (go to) the convenience store. Do you need anything?
B: We need some fruits and vegetables.
A: OK, I'***ll*** go to the grocery store.

ネイティブの解釈はこうなります。

A: コンビニに行くよ。何かいる？
B: 果物と野菜がほしいの。
A: わかった、じゃあ食料品店に行くよ。

まずAさんは、あらかじめコンビニに行くことを予定していたので、I'm going to ... と言いました。そしてBさんとのやり取りで「果物と野菜がほしい」と言われたので、「じゃあ（コンビニではなく）食料品店に行くね」と、**とっさの判断で食料品店に行くことを決めたので、I'll ... と表現**したのです。

説明を読むと「なるほど」と理解できるでしょうが、とっさに会話でこのような使い分けをするのはむずかしいかもしれません。このあたりは、まさにネイティブらしい使い分けといえます。

では、次の２つの文は、どんな日本語にすればいいでしょうか？

1. It'***ll*** rain this afternoon.
2. It'***s going to*** rain this afternoon.

ネイティブの解釈はこうなります。

1. 午後、雨が降りそうだね。
2. 午後は雨が降るらしい。

1のIt'll rain this afternoon.ですが、これは**空模様が怪しくなったのを見て、とっさに「午後、雨が降りそうだね」**と言ったような表現です。

一方、2のIt's going to rain this afternoon. は、**あらかじめ雨だという天**

気予報を知った上で「午後は雨が降るらしい」と発言しているように聞こえます。
　一般的によく使われるのは2ですが、とっさに空模様の変化を見て発言するような場合、1も使います。
　同様に、70ページでも触れた映画『ターミネーター』に出てくるセリフ I'll be back.（すぐ戻るよ）は、急用ができて出掛けなければならない時のフレーズですが、I'm going to be back.（戻る予定です）は、あらかじめ戻ることが予定で決まっている時の発言となります。この2つを、ぜひ感覚的に使い分けられるようにしましょう。

■主語が3人称の「意志を示す表現」

　主語が3人称の「意志を示す表現」には注意が必要です。次の文は、意志を示す表現でしょうか、それとも単に未来を示す表現でしょうか？

He'll leave for New York tomorrow.

　単に未来を示す表現（彼は明日ニューヨークに出発するだろう）にも、意志を示す表現（彼は明日ニューヨークに出発するつもりだ）にもなりそうですが、この場合は単に未来を表わします。
　なぜならば、**3人称の意志を示そうとする場合、ネイティブは be going to を使う**からです。つまり、これを he の意志を示す表現にするならば、

He's *going to* leave for New York tomorrow.
彼は明日ニューヨークに出発するつもりだ。

とするべきなのです。
　もう1つ例を挙げれば、John is going to come to the meeting. なら、「ジョンは会議に来るつもりだ」と、あらかじめジョン自身の意志を確認していることになります。
　しかし、John will come to the meeting. だと、「ジョンなら会議に来るでしょう」というニュアンスになり、「ジョンには確認していないけれど、彼の

ことだから来るでしょう」と、その場で話し手が判断して発言しているように聞こえます。

■「依頼・勧誘」を表わす Will you ...?

will が「意志」を表わすことから、「…してくれませんか？」と相手に依頼をする場合、または「…しませんか？」と相手を勧誘する場合、**Will you ...?** を用います。

　　Will you answer the phone?
　　電話に出てくれる？

「…しませんか？」「…しない？」という勧誘表現として Won't you...? を使うと習ったかもしれませんが、これは実は古い感じの英語で、ネイティブは日常的には使いません。たとえば「一緒に来ませんか？」と誘う場合、どのように言えばいいでしょうか？

　△　***Won't you*** come with us?
　○　***Why don't you*** come with us?

最近では、Won't you come with us? ではなく、Why don't you come with us? を使うのが一般的です。

■ Will you ...? をネイティブが避ける理由

Will you ...? は親しい間柄でよく耳にするフレーズですが、使う際は注意が必要です。will は「意志」を表わすため、依頼や勧誘というより、**相手の意志を問うニュアンス**がやや強くなります。

　△　***Will*** you have lunch with us?

この文も、ストレートすぎて失礼に受け取られる一方、意志なのか未来なの

か、曖昧です。そのためネイティブは、一般的にこのような Will you ...? を避ける傾向があります。

相手の意向をうかがう時は、Can you ...? や Could you ...?, Would you ...? のほうが自然で丁寧な聞き方になるため、こちらを使います（9ページの「『依頼表現』の程度の違い」を参照）。

Will you ...? を違和感なく使えるのは、次のような親しい間柄での気軽なフレーズです。

Will you pass me the salt?
塩を取ってくれる？

Pass me the salt, **will** you?
塩を取ってね。

命令文のあとに will you を付けて語尾を上げ調子で言うと、Pass me the salt.（塩を取ってくれ）と命令するよりも語勢が弱まり、「…してね」という軽い命令になります。

■ **Will you ...? と Are you going to ...? の違い**

あらかじめ決まっている相手の予定を確認するなら、Will you ...? ではなく Are you going to ...? を使います。では、次の文はどんな日本語にすればいいでしょうか？

1. What **are** you **going to** do today?
2. What **will** you do with your life?

ネイティブの解釈はこうなります。

1. 今日は何をするの？
2. あなたはどんな人生にするつもりですか？

1は挨拶がわりに使われる決まり文句で、相手の予定をたずねます。一方、2は予定というよりは、相手の意志をたずねる質問になります。

■「推量」「習慣・習性」「常識」を表わす will
　will は話し手の「推量」や「習慣・習性」「常識」なども表わし、以下の用例のように、「…だろう」「よく…する（…なことがよくある）」「…するものだ」の意味でも用いられます。

　That **will** be the day.
　そんなことがあったら世も末だ。　※「…だろう」と推量を表わす。

　He **will** often go fishing on holidays.
　彼は休日よく釣りに行く。　※習慣を表わす。
　⇨ただし、He often goes fishing on holidays. のほうが一般的。

　Rotten eggs **will** float in water.
　腐った卵は水に浮かぶものだ。　※「…するものだ」と常識を表わす。
　⇨ただし、Rotten eggs float in water. のほうが一般的。

■「命令」を表わす will
　You will ... で「…しなさい」と命令を表わします。親子や上司と部下のように、上下関係がはっきりしている場合に使われる表現です。

　You **will** do it yourself.
　自分でやりなさい。

■「可能」「適正・能力」を表わす will
　can と同様に、「…できる」の意味で will が用いられることもあります。無生物主語の時によく使われる用法です。

The train *will* hold about 500 passengers.
その電車には約 500 人の乗客が乗れる。

否定文にすれば、「…できない」と不可能であることを表わします。

This engine *will* not start.
エンジンがどうしてもかからない。

■「特性・原理・必然性」を表わす will
　will は、「…するものである」と物事の特性や原理、必然性を表わすこともあります。クリーシェ（決まり文句）やことわざでよく用いられます。

Everything that can possibly go wrong *will* go wrong.
失敗する可能性のあるものはいずれ失敗するものだ。

If it can happen, it *will* happen.
起こる可能性のあるものは、いつかは起こるものである。

■「未来進行」を表わす will be ＋ 動詞の ing 形
　will be ＋ 動詞の ing 形で、「…しているでしょう」という未来のある時点で進行中の動作を表わします。

I'*ll be waiting* for you at 10:00 tomorrow.
明日の 10 時にお待ちしています。

次のような電車到着のアナウンスも、よく耳にするはずです。

The train *will be arriving* on Platform 1.
1 番線に電車が到着します。

疑問文にすれば、「…しているでしょうか？」と未来のある時点で動作が進行しているかどうか確認できます。

Will it ***be snowing*** at about 10 tomorrow?
明日の 10 時頃は雪が降っているでしょうか？
⇨ただし、Is it going to be snowing at about 10 tomorrow? のほうが一般的。

■「未来完了」を表わす will have ＋ 過去分詞
　will have ＋ 過去分詞で、「…しているはずだ」と未来のある時点で動作が完了していることを表わします。

Come June, I ***will*** have been married to Luke for 10 years.
6 月になれば、ルークと結婚して 10 年になる。

■条件節に will は使わない
　if や when で始まる条件節には、基本的に will は使いません。

× 　If you ***will*** buy this CD, you won't be disappointed.
◯ 　If you buy this CD, you won't be disappointed.
　　この CD を買えば、がっかりしません。

× 　When I ***will*** get a call, I'll leave.
◯ 　When I get a call, I'll leave.
　　電話を取ったら、出ます。

　ただし、**be going to** は条件節に使われることがあります。たとえば、アメリカのシンガー・ソング・ライター、スコット・マッケンジーが歌う往年のヒット曲『花のサンフランシスコ』（"San Francisco [Be Sure to Wear Flowers in Your Hair]"）に、このような歌詞があります。

If you're **going to** San Francisco, be sure to wear some flowers in your hair.
サンフランシスコに行くなら、髪に花を飾るのを忘れずにね。

余談ですが、この歌詞は本来、"If you're **going to go to** San Francisco" であるはずです。しかしネイティブは表現の冗長さを嫌うため、よく be going to go to ... → be going to ... と短縮して使います。

- ◎ I'm going to go to NY next year.
- ○ I'm going to NY next year.

本来、正しいのは上の表現ですが、特に口語では下の表現が好まれます。

will の使い方が大体理解できたら、定型表現集でそのニュアンスをつかみましょう。

willの定型表現集

willを使った定型表現を紹介します。いずれもネイティブがよく使う言いまわしですから、そのまま覚えるようにしましょう。

※英文が2つ並んでいる場合、⇨のほうがより一般的な表現となる。

I don't think it will hurt you. ⇨ I don't think it'ill hurt you.	痛い目には遭わないよ。／やるだけやってみたら？
I guess I'll have to.	しかたありませんね。
I know you'll be great.	あなたならすごい人になれるよ。／きみならうまくやれるよ。
I think I'll pass.	やめておこうかな。
I will always remember you.	あなたのことは絶対に忘れません。
I will be in touch for sure.	必ず連絡します。
I will be true to my word.	自分の発言は守ります。
I will bet my life on it.	命をかけてもいい。／絶対に間違いない。
I will die happy.	思い残すことはありません。
I will do anything but that.	それ以外のことなら何でもやります。／それだけはできません。
I will let you decide.	きみに任せるよ。／あなたが決めて。
I will never forget you.	あなたのことは決して忘れません。
I will take it under advisement.	検討してみます。
I won't be long.	長くはかかりません。／すぐに戻りますから。
I won't beat around the bush.	率直に言いましょう。
I won't bother you anymore.	もうあなたに迷惑はかけません。
I won't forget this!	このことは忘れないからな！／覚えているよ！

I won't go easy on you.	甘い目で見ないからね。／容赦しないからね。
I won't keep you any longer.	もうこれ以上、引き留めません。／もう（電話を）切らないと。
I won't let it happen again.	そんなことを2度としないようにします。
I won't let it pass.	それは聞き捨てならない。
I won't let you down.	期待を裏切らないようにします。
I won't say no to that.	それを嫌だとは言いません。／それを断る手はない。
I won't take it!	許せない！
I'll answer it.	私が（電話に）出ます。
I'll be around.	この辺にいます。／また会いましょう。
I'll be at your side.	いつでも力になるよ。
I'll be back before you know it.	すぐに帰るよ。
I'll be back later.	またあとで。
I'll be brief.	手短にしましょう。
I'll be close by.	いつでも力になるよ。／側にいるから。
I'll be counting on you.	頼りにしています。／これからもよろしくお願いします。
I'll be damned!	驚いた！
I'll be damned if I know.	私の知ったことではない。／まったく気にしてない。
I'll be sure to do that.	確実にやります。
I'll get right on it.	すぐにやります。
I'll take care of it.	やりましょう。
It will be good for something.	それは何かの役に立つ。

It will be my treat.	ここは私が。／私が支払います。
It will get better.	うまくいくさ。
It will pass with time.	時間がたてば良くなります。／時間が解決してくれる。
It won't be long now.	そう長くはかからないでしょう。／もうそろそろです。
It won't be much.	それほどではないでしょう。／たかがしれてる。
It won't do you any good.	なんにもならないよ。／無益なことだ。
It won't get you anywhere.	状況は変わらないよ。／そんなことをしてもむだだ。
It won't leave this room.	一切他言はしないよ。／絶対誰にも言わない。
It won't prove fatal.	致命傷ではないでしょう。／命に関わることではありません。
It'll cost you.	ただじゃあすまない。／大変なことになるよ。
It'll do.	それで結構です。／それで間に合います。
It'll never do.	どうしようもない。
It'll never happen again.	2度としません。
It'll only take a second.	すぐできます。／お時間は取らせません。
It'll probably rain tomorrow.	明日、たぶん雨が降りそうだね。
It'll work itself out.	そのうち解決するでしょう。／なんとかなるでしょう。
Maybe I'll go, and maybe I won't.	行くかもしれないし、行かないかもしれない。
That will be the day.	そんなことがあったら世も末だ。
Will I be any good?	私はうまくできるだろうか？
Will you accept my apology?	許してもらえますか？
Will you answer the phone? → Would you answer the phone?	電話に出てくれる？

Will you be long?	時間がかかりますか？
Will you behave? ⇒ Would you behave?	お行儀よくしてもらえますか？
Will you do me a favor? ⇒ Would you do me a favor?	お願いしてもいいですか？
Will you excuse me? ⇒ Would you excuse me?	ちょっと席を外してもいいですか？
Will you give me a rain check? ⇒ Would you give me a rain check?	また今度、誘ってください。
Will you knock it off? ⇒ Would you knock it off?	いいかげんにしてくれる？
You will do it yourself. ⇒ You'll have to do it yourself.	自分でやりなさい。
You will hear from me again!	これで終わりではないからな。／また連絡する！
You will pay dearly for this.	こんなことをしてただですむと思ったら大間違いだ。／笑っていられるのも今のうちだ。
You'll be all right.	もう大丈夫。／じきによくなるでしょう。
You'll be glad you did.	（そうすれば）あとでやってよかったと思いますよ。
You'll be sorry.	後悔しますよ。
You'll go a long way.	あなたの将来が楽しみだ。
You'll have to excuse me.	許してください。／すみません。
You'll have to refresh my memory.	何のことか思い出させて。／何の話でしたっけ。
You'll pay for this!	この報いをうけるぞ！／ただじゃおかないぞ！
You'll see.	今にわかるさ。／やってごらん。

would

　would は will の過去形で、仮定法や時制の一致などで使われるだけではなく、「よく…したものだ」という過去の習慣や「…してくださいませんか？」という丁寧な依頼、「…だろう」という控えめな推量などを表わし、あらゆる状況でよく使われます。could と並んでもっとも理解のむずかしい助動詞ですので、ぜひここでしっかり学習しましょう。

　would は、基本的に**仮定法で使われる用法**と、**それ以外の用法**に大きく分けられます。ここではこの２つに分けて、それぞれの用例を紹介します。

　まずは、**仮定法以外の用法**を順に見てみましょう。

■「過去の習慣」を表わす would

　「よく…したものだ」と、**過去の習慣や反復的な行動**を表わします。話し手が過去を回想する際に使い、しばしば often や sometimes といった**頻度を表わす副詞**をともないます。

　I ***would*** often go fishing.
　（あの頃は）よく釣りに行ったものだ。

■「過去の習慣」を表わす would と used to の違い

　過去の習慣を表わす表現として、used to を思い浮かべる人もいるでしょう。would と used to の違いはわかりますか？

　過去と現在の対比に重点を置き、「以前はよく…したものだ（しかし、今はそうではない）」と「**現在にない過去の習慣**」を表わす場合は、**used to** が用い

られます。そして、この used to が**動作や状態を表わす動詞**とともに使われる場合、**比較的長期にわたる習慣**を表わします。

　一方、would は現在との対比をそれほど強調せず、短期間の習慣に対しても使います。しかし、**状態を表わす動詞には使えません**。

　では、次の２つの文の違いを考えてみてください。

1. I *used to* go skiing a lot with my family.
2. I *would* go skiing every winter.

ネイティブの解釈はこうなります。

1. 前は家族とよくスキーに行っていた（でも今は行っていない）。
2. （あの頃）毎年冬はスキーに行ったものだ。／また毎年スキーに行きたいものだ。

次のやり取りはどのような意味になるでしょうか。

A: Do you ski?
B: I *used to*.

A: スキーはやる？
B: 前はね（今はやらない）。

　used to は「現在にない過去の習慣」を表わすため、「**今は違う**」ということになります。そのため、I used to. で「**前はね（今はやっていないけど）**」という意味になります。これは会話でもよく使う言いまわしです。

　また、used to の性格がよく出ている次の言いまわしを覚えておくといいでしょう。

I'm not what I *used to* be.
　今の私は昔とは違う。

状態を表わす動詞を用いて「今は違う」という意味になるため、ここでは would を使えず、used to で表現します。

単に思い出を語る時は would を、「昔は…だったんだよね（今は違うけど）」と過去の習慣を話す時は used to を、と使い分けるといいでしょう。

■「目的」を表わす would

so that を使って目的を表わす副詞節で、would が「…するために」の意味で使われることがあります。

I got up early so that I **wouldn't** miss the train.
電車に乗り遅れないよう早起きした。

■「苛立ち」を表わす would

「いつも…する」「決まって…する」と、よく起こる出来事や人の常習的な行動に対する苛立ちを表わす場合、would を用います。過去の習慣と似た表現ですが、この場合は現在のことにも使います。

He **would** be late for his own funeral.
彼はいつも時間にルーズだ（まったくもう）。

■「過去の拒絶」を表わす would not ［wouldn't］

would not ［wouldn't］で「どうしても…しようとしなかった」という過去の拒絶を表わします。話し手の思いどおりに物事が進まなかったような場合に用いる表現です。

She **wouldn't** say yes.
彼女はどうしてもイエスとは言わなかった。

無生物主語に使うと、wouldn't の思いどおりにいかない様子がとてもよく表われます。

The door **wouldn't** open.
ドアはどうしても開かなかった。

will の項でも紹介しましたが（99ページの「『可能』『適正・能力』を表わす will」参照）、The door will not open. とすれば、「ドアはどうしても開かない」と現在の状況を表現できます。

■「注文」を表わす I'd like ＋ 名詞

I'd like ＋ 名詞で「…がほしい」「…をください」と、店などでの注文に用いるフレーズになります。

I'd like coffee.
コーヒーをお願いします。

疑問文にして、Would you like ...?（…はいかがですか？）にすれば、相手に何かを勧める言いまわしになります。

Would you like some coffee?
コーヒーはいかがですか？

■「許可」を求める Would it be all right if I ...? / Would it be okay if I...?

Would it be all right if I...? / Would it be okay if I...? は「…してもよろしいですか？」と、Could I ...? よりも丁寧な許可を求める言いまわしになります。またこれは、仮定法の用法も兼ねているため、if のあとの動詞は過去形になります。

Would it be all right if I used your phone?
Would it be okay if I used your phone?
電話をお借りしてもよろしいですか？

では、つづいて、「仮定法」の用法を見てみましょう。仮定法は if 節などをともなう場合と、ともなわない場合があります。

＜if 節などをともなう場合＞
■ if ＋ 仮定法過去で用いられる would
　if 節をともない、仮定法過去で would が用いられる場合、「（現実や事実はそうではないが）もし…ならば［だとすれば］、…するのだが［…であろうに］」という意味になります。

　If I were you, I **would** do the same thing.
　　もし私があなたなら、同じことをするだろう。

　次は有名なジョークです。

　If you helped Jack on the horse, **would** you help Jack off the horse?
　　ジャックが馬に乗るのを助けたら、ジャックが馬から降りるのは助ける？

■ if ＋ 仮定法過去完了で用いられる would
　if 節をともない、仮定法過去完了で would が用いられる場合、「（現実や事実はそうではなかったが）もしあの時に…だったならば［だったとすれば］、…したのだが［…したであろうに］」という意味になります。

　If I had been more experienced, I **would** have known immediately what was happening.
　　もっと経験があったら、何が起こっているのか即座にわかっただろうに。

　If you had been there, you'**d** be more understanding.
　　もしあなたがそこにいたら、もっとよくわかったでしょう。

■ without ... や but for ... などの条件・仮定を示す句とともに用いられる would

　without ... や but for ... などの条件・仮定を示す句とともに would を用いて、「…がない［なかった］ならば、…であろう［あったろう］に」という意味になります。

Without your support, this book ***would*** never have been written.
あなたの支援がなければ、この本は決してできなかったでしょう。

But for you, I'***d*** never have become a singer.
あなたがいなければ、私は絶対に歌手になれなかったでしょう。

■「意向・願望」を表わす would

　would は、「もし…ならば、…するのだが」とか、「できることなら…したいと思う」という意味でも使われます。

That's what I ***would*** do if I could.
可能であれば私がそうしたいです。

You ***wouldn't*** believe me if I told you.
話しても信じてもらえないでしょう。

＜if 節をともなわない場合＞

　仮定や条件を示す if 節などをともなわない文で、would が用いられることがあります。その場合は、「もしそれが許されるとすれば」「仮にそのようなことになれば［であったら］」といった仮定の気持ちが言外に暗示され、**丁寧で控えめな意向や推量**を表わすことができます。

　would をむずかしく感じるのは、この用法のせいだと思われます。ここでしっかりと理解しましょう。

■「控えめな推量」を表わす would
　「どうも…のようだ」「たぶん…だ」と控えめな推量を表わし、明言を避ける表現として頻繁に使われます。

That **would** be better.
そのほうがいいでしょう。

That **would** not solve anything.
それでは何の解決にもならない。

■「控えめな推量」を表わす You would［you'd］…
　2人称の主語 you が know, guess などの動詞とともに否定文で用いられる場合、「たぶん…ないだろう」という控えめな推量になります。

You'd never know he had been seriously ill.
彼が重体だったとは思えないでしょう。

■「ネガティブな推量」を表わす would [wouldn't]
　仮定法の would は、状況により「…だろう」という「控えめな推量」だけでなく、「…だったらいいけれど（無理かもしれない）」というネガティブな推量も表わすので、注意が必要です。

1. That **would** be nice.

　この文は、そのまま直訳すれば「それができるならいいね」ですが、実際ネイティブが使う場合、「それができるならいいけれど（無理かな…）」と、（ある種「苛立ち」[109ページの「『苛立ち』を表わす would」参照] も含んだ）ネガティブなニュアンスが含まれる時もあります。そのため次のような疑問文も、

2. **Would** it really be nice? = Are you sure it **would** be nice?

直訳の「本当にそれはいい？」よりも、「本当にそれはいいと思う？（今ひとつじゃない？）」というニュアンスのほうが強くなります。では、否定文はどうでしょう？

That **wouldn't** be very nice.

　この場合、特に含みはなく「それはあまりよくないだろう」で大丈夫です。では、次のような付加疑問文はどうでしょうか？

That **would** be nice, **wouldn't** it?

　「それができるならいいよね」だと思うかもしれませんが、これは「それはむりだろうけど、できたらいいね」という意味になります。先ほど1で触れたように、That would be nice. のネガティブなニュアンスでの付加疑問文です。
　ビーチ・ボーイズの曲に "Wouldn't It Be Nice" があり（*Pet Sounds* [1966] 収録）、「素敵じゃないか」という邦題がついています。ビーチ・ボーイズは、1960年代のアメリカ西海岸のサーフィンやホットロッドといった若者文化を象徴する「光」の存在として一世を風靡しましたが、実はその曲は非常に複雑で、歌詞もまた陰影に富んだものです。
　そのため "Wouldn't It Be Nice" も、言葉どおりに受け止めれば「素敵じゃないか」ですが、ネイティブとしてはどうしても裏の意味にもとらえてしまうのです。

■「控えめな意向」を表わす I would ［I'd］ ...
　また主語 I と think, imagine, guess, hope, say といった動詞とともに用いると、「私としては…なのですが」「…しようかな」といった控えめな意向になります。かしこまった状況で自分の考えを述べる際、ネイティブは非常によくこの言いまわしを使います。

I'd say it's time to find a new job.
新しい仕事を探す時が来たようです。／新しい仕事を探そうかな。

※ I'd say it's time to ... で「（おそらく）…する時だろう」「（そろそろ）…しようかな」。

I'd imagine the whole world was one big machine.
全世界が 1 つの巨大な機械だと想像してみよう。

■ I wish とともに用いられる would

　would は I wish とともに用いられて、「…してくれれば（いいのだが）」という意味を表わします。

I wish you***'d*** stay here for a while.
きみがしばらくここにいてくれればいいんだけど。

■「依頼」を表わす Would you（please）...?

　Would you ...? で、Will you ...? より丁寧な「…していただけますか？」という依頼表現になります（97 ページの「『依頼・勧誘』を表わす Will you ...?」を参照）。

Would you be able to help?
手伝っていただけますか？

ほかに Would you please ...?（…していただけませんか？）なども使われます。

Would you please give me some advice?
アドバイスをいただけないでしょうか？

　Would you please ...? は決まり文句にもなっており、非常に丁寧な言いまわしとして使われています。しかし、日常会話で気軽に「…してもらえます

か？」とたずねる程度の内容に使うと、丁寧すぎてかえって嫌味に取られる場合もあります。状況に応じて使い分けるようにしましょう。

　Would you mind ...ing? も、「…していただけませんか？」という丁寧な依頼表現です。ただし、本来 mind には「…を嫌がる」という意味があるため、返事には注意が必要です。

　Would you mind finishing this file by tomorrow?
　このファイルを明日までにやってもらえませんか？

　＜OK の場合＞
　Of course not.　もちろんやります。
　No, not at all.　大丈夫です。

　Would you mind ...ing? を直訳すれば「…するのは嫌ですか？」です。そのため、OK（嫌ではない）なら **not** を使って「嫌ではない」と答えなくてはいけません。
　一方、Yes. と言うと「嫌です」という意味になってしまいます。日本語の使い方と逆なので、注意が必要です。

■「勧誘」を表わす Would you ...?
　Would you ...? で、「…しませんか？」と、誰かを何かに誘う「勧誘」の表現になります。

　Would you play tennis with me?
　テニスを一緒にしませんか？

■「仮定」を表わす Would you ...?
　Would you ...? は、状況によって「仮定」の意味も表現します。

Would you go out with him?
　あなただったら、彼とデートする？

■「意向」をたずねる Would you like to ...?
　Would you like to ...? の疑問形は、「…したいですか？」と意向をたずねる場合と、「…しませんか？」と**勧誘**で使われる場合があります。

Would you like to hold?
　（電話を）待たれますか？　※担当者がすぐに電話に出られないような時に使うフレーズ。

Would you like to go to a movie?
　映画を見に行かない？　※相手を誘う時に使うフレーズ。

■「願望」を表わす I would like to ...
　I would like to ... ［I'd like to ...］で「…したいのですが」という願望を表わします。I want to ... や I like to ... より丁寧に自分の思いを伝える言い方になります。

I'd like to apply for a loan.
　ローンを申し込みたいのですが。

　ここで１つ問題です。次の２つのうち、正しいのはどちらでしょうか？

1. I can take you to the airport ***if you like***?
2. I can take you to the airport ***if you'd like***?

　どちらも意味は、「よかったら空港まで車で送るよ」です。ただし文法的に

正しいのは、2の if you'd like になります。
　ネイティブは英語を省略して使うことが多いため（102ページの be going to go to ... → be going to ... 参照）、いつのまにか if you'd like ではなく if you like を使う人が増えているようです。そのため、どちらを使っても一般的ではありますが、より正しいのは if you'd like です。

■「願望」を表わす would have ＋ 過去分詞

　would have ＋ 過去分詞で「…しただろうに」と過去の実現できなかった願望を表わします。この場合、あくまでも願望で「現実にはそうでなかった」ということになります。

　You'**d** have had the opportunity to meet my father.
　父に会う機会があったのに（実際は会わなかった）。

■ would rather ... (than) ...

　would rather ... (than) ... は「…するよりむしろ…したい」という意味の慣用表現です。

　I **would rather** die **than** live in disgrace.
　生き恥をさらすくらいなら死んだほうがましだ。

than なしでも使われます。

　I **would rather** stay here.
　むしろここに残りたい。

　would の使い方が大体理解できたら、定型表現集でそのニュアンスをつかみましょう。

wouldの定型表現集

wouldを使った定型表現を紹介します。いずれもネイティブがよく使う言いまわしですから、そのまま覚えるようにしましょう。

Be what you'd seem to be.	見かけと同じ人であれ。／裏表のない人でいなさい。
Don't do anything I wouldn't do.	いい子にしてろよ。／無茶するなよ。
Have you decided what you'd like?	どれになさるかお決まりですか？／ご注文はお決まりですか？
Here is what I'd do.	私だったらこうやります。
How old would I be then?	その時、何歳だったかな？
How would I know?	どうやって私がわかるんだ？／私が知るわけないだろう。
How would you like that?	どのようにしますか？／どのようにお召し上がりですか？
I bet you wouldn't.	おまえがそんなことをするはずがない。
I knew you would.	そうすると思ったよ。
I would if I could.	できるものならやっているよ。
I wouldn't if I were you.	私だったらやりません。
I wouldn't know where to begin.	何から始めればいいかわからない。／手のつけようがない。
I wouldn't touch him with a 10-foot pole.	まっぴらごめんだ。
I'd appreciate your help.	お手伝いいただきありがとうございます。
I'd assume so.	そう思います。
I'd be better off on my own.	私1人で結構です。／私だけで大丈夫。
I'd be damned if I know.	私の知ったことではない。／気にもしてない。
I'd be damned if I did.	そんなことをすれば終わりだ。／そんなこと、できるわけがない。

I'd be delighted to go with you.	喜んでご一緒します。
I'd be grateful for your help.	お手伝いいただきありがとうございます。
I'd be happy to do that.	喜んでやらせてもらいます。
I'd be lost without you.	あなたなしではやっていけません。／頼りにしています。
I'd be more than happy to.	喜んで。
I'd bet my life on it.	命をかけてもいいよ。／絶対、間違いない。
I'd better be going.	もう行かないと。
I'd better pass this time.	今回はパスしておきます。／今回はやめときます。
I'd deal with it.	なんとかします。／その時はその時だ。
I'd die for you.	あなたのためなら死んでもいい。
I'd greatly appreciate that.	とても助かります。
I'd have to give you that.	それは認めざるをえない。
I'd have to take issue with that.	それには反論しないと。／それは聞き捨てならない。
I'd imagine so.	そうでしょうね。
I'd just like a minute.	1分だけお願いします。
I'd kill for it.	どうしても手に入れたい。
I'd like a word with you.	ちょっと話があるんですが。
I'd like some coffee.	コーヒーをお願いします。
I'd like that.	そうしてくださったらうれしい。
I'd like to ask you for a favor.	お願いがあるのですが。
I'd like to avoid it if possible.	できることならそれは避けたい。／やめられるものならやめたい。

I'd like to close by saying that	最後に一言言わせてください。
I'd like to express my thanks to you.	御礼申し上げます。
I'd like to extend my deepest sympathy to you.	心からお悔やみ申し上げます。
I'd like to hear from you.	お返事をお待ちしています。
I'd love to!	喜んで！／ぜひやりたいです。
I'd love to, but I can't.	やりたいのはやまやまだけど、（残念ながら）できません。
I'd say the exact opposite.	私は正反対の意見です。
If I had known this would happen, I wouldn't have done it.	こうなるとわかっていたら、やらなかったのに。／こんなことなら、やるんじゃなかった。
If you could just help me, I'd be a happy camper.	ちょっと手伝ってもらえたら、すごくうれしいんだけど。
If you were me, what would you do?	あなたがもし私の立場なら、どうしますか？
If you'd come this way.	こちらへどうぞ。
It's something you wouldn't understand.	あなたにはわからないだろうな。／あなたにわかるものか。
Like I'd know.	こっちが知りたいくらいだ。
She wouldn't say yes.	彼女はどうしてもイエスとは言わなかった。
That would be great.	それはいい。
That would be just fine.	それはちょうどありがたいです。
That would be nice.	それはいいかもしれない。
That would be no problem.	問題ないでしょう。
That would be very kind of you.	ご親切にありがとうございます。
That would do the job.	それならいいね。

That's what I was hoping you'd do.	そうしてくれるのを待ってたよ。／待ってました。
That's what I'd do.	私ならそうします。
There is no way I'd ever settle for less.	妥協するのは嫌だ。／妥協などしない。
This's what I'd say.	まさに私が言いたいことだ。
Why would I say such a thing?	どうして私がそんなことを言うと？（言うわけがないでしょう）
Would I lie?	私がうそをつくとでも？
Would it be all right if I try?	ちょっと試してもいいですか？
Would you ask him to call me?	お電話くださるよう彼に伝えてもらえますか？
Would you be able to help?	手伝ってもらえますか？
Would you believe it?	信じられますか？（信じられないかもしれませんが）
Would you care for something to drink?	何かお飲み物はいかがですか？
Would you do me a favor?	頼みたいことがあるのですが。
Would you happen to know why?	どういうことか知っているのではないですか？
Would you like a taste?	一口食べる？
Would you like a little more?	もう少しいかがですか？
Would you mind if I put you on hold?	（電話を）お待ちいただいてもよろしいでしょうか？
Would you mind if I sit here?	ここに座ってもよろしいですか？
Wouldn't you know it.	やっぱりね。
You could do it if you would.	やる気さえあればできます。
You wouldn't believe me if I told you.	話しても信じてもらえないでしょう。／信じてもらえないような話なんです。

You wouldn't dare.	あなたにはとてもできないでしょう。／やってみようという気も起こらないでしょう。
You wouldn't know the truth if it jumped up and bit you.	どう説明してもわかってもらえず残念だ。
You wouldn't understand.	あなたには理解できない。／あなたにわかるもんか。
You'd be better off not sayng that.	そんなことは言わないほうがいい。
You'd think so.	そう思うでしょうね。

おまけの助動詞

dare

　ここでは、本章で大きく取り上げられなかった dare について説明しましょう。dare は助動詞だけでなく、一般動詞や名詞などとしても使われます。

　その複雑さから dare を苦手とする日本人は多いのですが、ネイティブからすれば dare はとても単純です。ほぼ決まり文句の形でしか使わないので、代表的なものを覚えておけばいいでしょう。

- **How dare you ...?**（よく…ができるね）
  How **dare** you say that to me?
  よくもそんなことが私に言えるね？

　次の場合、you の代わりに別の人称を使うことも可能です。

　How **dare** Mary steal my computer?
　よくもメアリーは私のパソコンを盗んだね。

- **Don't you dare ...!**（絶対…をしないで！）
  Don't you **dare** touch that!
  絶対それに触らないで！

- **I dare say ...**（おそらく…でしょう）
  I **dare** say that's true.
  おそらくそれは本当でしょう。

ここでは助動詞に加えて、一般動詞の dare の使い方も紹介します。

- I don't dare ...（…する勇気がない）
  I don't **dare** go into the water.
  水に入る勇気がない。

- I dare you to ...（…をやれるものならやってみろ）
  I **dare** you to do that.
  やれるものならやってみろ。　　※けんかを売っているような言葉。

以上、助動詞4種類、一般動詞2種類の決まり文句を覚えれば、会話に出て来る dare のほとんどをカバーできます。ただし、決まり文句以外に次のような使い方もできることを覚えておくといいでしょう。

- 助動詞としての用法
  I **dare** not tell this to anyone.
  私はあえて誰にもこれを伝えていない。
  ⇨ただし、I don't **dare** tell this to anyone. のほうが一般的。

  No one **dared** say no to him.
  彼には誰もノーと言おうとはしなかった。

- 動詞としての用法
  dare to do / dare 「思いきって…する」「…する勇気がある」

一般動詞 dare のあとに to がつづく場合と、つづかない場合があります。

John wouldn't **dare** to tell a lie like that.
ジョンはそんなうそを言いたくはないだろう。

She no longer **dared** to fall in love.
彼女は2度と恋をしようとは思わなかった。

I don't **dare** answer that.

それに答える気はありません。

・dare A to do

「(人) に…できるものならやってみろと言う」

I **dare** you to say that again.

もう一度言えるもんなら言ってみろ。　※けんかを売る時に言うセリフ。

I **dare** you to walk through that graveyard.

あの墓地をとおり抜けてみろ。　※肝だめしなどで子供が言うセリフ。

・名詞としての用法

I accepted a **dare** from Bob.

私はボブからの挑戦に応じた。

会話では、次のような言いまわしも使われます。

Don't dare me!	私を怒らせないで！
Don't you dare!	やめなさい！／とんでもない！
How dare you!	よくもそんなことを！／何を考えているんだ！
I don't dare say.	ちょっと言えないな。
I dare you!	やってみろ！
Don't you dare say that to me!	そんなことを私に言うな！
Just you dare!	やれるもんならやってみろ！
You wouldn't dare!	本気だとは思っていないようだね！

第2章

助動詞の比較

あなたの助動詞感覚をチェック！

　第2章では、実践的な英訳・和訳に挑戦し、助動詞のニュアンスを身につけましょう。
　日常会話でよく使う代表的な言いまわしを元に、助動詞のみを can / could / may / might / must / shall / should / will（...'ll / be going to）/ would の9つに入れ換えて、そのニュアンスの違いを比較してください。will の肯定文の場合、will（はっきり発音する場合）/...'ll / be going to で使い分けるものとします。
　ここでは、各文を比較検討するため、あえて単文で出しています。状況がわからず、むずかしく感じることもあるかもしれませんが、問題を解きながら読み進めることで、助動詞の感覚がつかめるでしょう。

①まずは自然な英語にすることを考えて、枠内に示した意味になる英文を作ってみてください。
　※下線部にあてはめて自然な英語となる助動詞は、1つとは限りません。
②次に助動詞の異なる英文を、それぞれ「助動詞による意味の違い」が出るように、日本語にしてみてください。1つの助動詞でも、複数の用法（意味）のある場合があります。

　助動詞のみが異なる文章の英訳と和訳を繰り返すことで、「ネイティブの助動詞感覚」がつかめるようになります。

【マークの読み方】
◎　枠内に示した意味でよく使われる英語
　　（第1章で説明したそれぞれの用例も、訳文の脇に掲載ページとあわせて記しました）
○　◎ほどではないが、使われることもある英語。枠内の意味では使われないことが多い。
▲　文法的には可能だが、あまり一般的ではない、またはその意味では使われない英語
×　使われない英語
　［※ネイティブによってややとらえ方が異なりますが、ここでは著者デイビッド・セインの判断で◎○▲×を記しました］

使われる状況や前後関係、またアメリカ英語とイギリス英語の違いでさまざまなニュアンスで取ることが可能なため、ここではアメリカ英語を基本に判断しました。あなたの英訳がすべて◎なら、ネイティブの助動詞感覚が身についていることになります。さあ、挑戦してみましょう！

> **1．依頼・意志など（…してもらえますか？）**
>
> _____ you open the door?

can ◎ ***Can you open the door?***
ドアを開けられる？　※依頼　➡8ページ

could ◎ ***Could you open the door?***
ドアを開けてもらえますか？　※依頼　➡27ページ

may ×

might ▲ Might you open the door?
ドアを開けるのはあなたでしょうか？

must ○ Must you open the door?
あなたがドアを開けないといけないのですか？

○ Must you open the door?
どうしてもあなたはドアを開けたいの？（私は閉めたいのだけど）
※「依頼・意志」の意味で must が使われることはまずない。

shall ▲ Shall you open the door?
あなたがドアを開ける運命なのでしょうか？

should ○ Should you open the door?
あなたがドアを開けたほうがいい？

will	◎	***Will you open the door?***
		ドアを開けてくれる？　※依頼　➡ 97 ページ

would	◎	***Would you open the door?***
		ドアを開けていただけますか？　※丁寧な依頼（will より丁寧）　➡ 115 ページ
	▲	Would you open the door?
		あなただったらドアを開ける？（苛立ち）

2．可能・推測など（…できる）

I ＿＿ do that.

---

can	◎	***I can do that.***
		私にはそれができる（それをする能力がある）。　※可能　➡ 3 ページ
	◎	***I can do that.***
		私がそれをしてもかまわない（禁止されてはいない）。
		※（条件によって）実行可能　➡ 3 ページ
	◎	***I can do that.***
		それならできます（できるかもしれない）。　※自発性　➡ 4 ページ

could	◎	***I could do that.***
		私はそれをできるかもしれない。　※推量　➡ 18 ページ
	◎	***I could do that.***
		（条件が整えば）私がそれをできるのに。　※仮定　➡ 16 ページ
	◎	***I could do that.***
		私がそれをやってもいい。　※提案　➡ 17 ページ

may	○	I may do that.
		私はそれをやるかもしれない。

might	○	I might do that.
		（ひょっとしたら）私がそれをやるかもしれない。

must	○	I must do that.
		私はそれをやらなければいけない。
	○	I must do that.
		私はどうしてもそれをやる。

shall	○	I shall do that.
		私がそれをやります（意志）。
		※しかし、イギリス英語では一般的。

should	○	I should do that.
		私がそれをやったほうがいいでしょう。
	○	I should do that.
		私がきっとそれをやるだろう。

will	○	I will do that.
		私がやるつもりです。
	○	I'll do that.
		私がやるよ（即断）。
(be going to)	○	I'm going to do that.
		（あらかじめ）私がやることになっています。

would	○	I would do that.
		私がそれをやりましょう。
	○	I would do that.
		私ならそれをやるのに［やればよかったのに］（苛立ち）。
		※やるべきことをやらない人に対して使うフレーズ。

		I would do that.
		私はよくそれをやったものだ。

3．推測・可能など（…かもしれない）

I ＿＿＿ have done it.

---

can	×	
could	◎	**I could have done it.**
		私はそれをできたかもしれない。　※過去の推量　➡ 21 ページ
	○	I could have done it.
		（条件が整えば）私ならそれをできたのに。
may	○	I may have done it.
		私ならそれをやったかもしれない。
might	○	I might have done it.
		（ひょっとしたら）私ならそれをやったかもしれない。
must	○	I must have done it.
		私がそれをやったに違いない。
shall	▲	I shall have done it.
		（その時までに）私はそれをやっているだろう。
should	○	I should have done it.
		私はそれをやるべきだったのに（やらなかった）。（非難・遺憾）

| will | ▲ | I will have done it. |

（その時までに）私はそれをやっているだろう。

| would | ○ | I would have done it. |

私だったらそれをやっただろう。

| | ○ | I would have done it. |

私ならそれをやっただろうに（苛立ち）。

4．推測・仮定など（…かもしれない）

You ＿＿＿ have done it.

| can | × |

| could | ◎ | *You could have done it.* |

あなたはそれをできたかもしれない。　※過去の推量　➡ 21ページ

| | ◎ | *You could have done it.* |

（条件によっては）あなたならそれをできたはずなのに。

※（条件つき）過去の仮定法（過去に対する後悔）　➡ 21ページ

| | ◎ | *You could have done it.* |

あなたはそれをしたかもしれない（知らないうちに）。

※過去の可能（性）　➡ 21ページ

| may | ▲ | You may have done it. |

あなたならそれをやったかもしれない。

| might | ○ | You might have done it. |

（ひょっとしたら）あなたはそれをやったかもしれない。

must	○	You must have done it.
		あなたがそれをやったに違いない。
shall	▲	You shall have done it.
		あなたは（その時までに）やり終わったことになるでしょう。
should	○	You should have done it.
		あなたがそれをやればよかったのに（やらなかった）。
will	▲	You will have done it.
		あなたは（その時までに）やり終わったことになるでしょう。
would	○	You would have done it.
		あなたならそれをやっただろう。
	○	You would have done it.
		あなたはいつもそういうことをするんだから（苛立ち）。

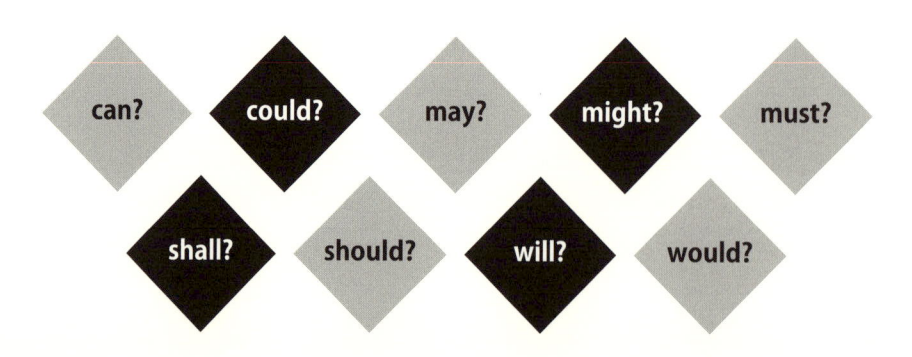

can?　could?　may?　might?　must?

shall?　should?　will?　would?

5．推測・確率など（…かもしれない）

I ___ have broken it.

can　　　×

could　　◎　***I could have broken it.***
　　　　　　　私がそれを壊したかもしれない。　※過去の推量　➡ 21 ページ

　　　　　◎　***I could have broken it.***
　　　　　　　（条件によっては）私ならそれを壊せたはずなのに。
　　　　　　　※（条件つき）過去の仮定法　➡ 21 ページ

may　　　◎　***I may have broken it.***
　　　　　　　私がそれを壊したかもしれない。　※過去に対する不確実な推量　➡ 39 ページ

might　　◎　***I might have broken it.***
　　　　　　　（ひょっとしたら）私がそれを壊したかもしれない。
　　　　　　　※過去の推量　➡ 43 ページ

must　　　◎　***I must have broken it.***
　　　　　　　私がそれを壊したに違いない。　※過去の確実性の推量　➡ 58 ページ

shall　　▲　I shall have broken it.
　　　　　　　私がそれを壊すでしょう。

should　○　I should have broken it.
　　　　　　　私がそれを壊すべきだったのに（しなかった）。

will　　　▲　I will have broken it.
　　　　　　　（その時までに）私はそれを壊しているはずだ。

would	○	I would have broken it.
		私はそれを壊していたでしょう。
	○	I would have broken it.
		私ならそれを壊しただろうに（苛立ち）。

6．勧誘・提案など（…はいかがですか？）

_____ you have lunch with us?

---

can	◎	***Can you have lunch with us?***
		ランチを一緒に食べる（一緒に食べることができる）？
		※未来の可能　➡ 10 ページ

| could | ◎ | ***Could you have lunch with us?*** |
| | | ランチを一緒にしませんか？　※丁寧な依頼　➡ 8, 27 ページ |

| may | ▲ | May you have lunch with us? |
| | | ランチをご一緒にできることが許されている？ |

| might | ▲ | Might you have lunch with us? |
| | | ランチを一緒にいかがでしょうか？ |

must	▲	Must you have lunch with us?
		あなたは私たちと一緒にランチを食べないといけないですか？
	▲	Must you have lunch with us?
		どうしてもランチを私たちと一緒に食べたいですか？

| shall | ▲ | Shall you have lunch with us? |
| | | ランチを一緒にいかがですか？ |

should	▲	Should you have lunch with us?
		ランチを私たちと一緒に食べたほうがいいですか？
will	○	Will you have lunch with us?
		私たちと一緒にランチを食べませんか？
	○	Will you have lunch with us?
		私たちと一緒にランチを食べる予定ですか？
would	◎	*Would you have lunch with us?*
		ランチを一緒にいかがですか？　　※（丁寧な）勧誘　➡ 116 ページ
	◎	*Would you have lunch with us?*
		あなただったら、ランチを一緒にする？　※仮定　➡ 117 ページ

7．可能・意志など（…できますか？）

_____ he come to the meeting?

---

can	◎	*Can he come to the meeting?*
		彼は会議へ来られる？　※未来の可能　➡ 10 ページ
could	○	Could he come to the meeting?
		彼に会議へ来てもらえますか？
may	▲	May he come to the meeting?
		彼が会議に来てもいいですか？
	▲	May he come to the meeting?
		彼が会議に来ることが許されている？

might	▲	Might he come to the meeting?
		彼が会議に来てもいいでしょうか？
	▲	Might he come to the meeting?
		彼は会議に来るかな？

must	○	Must he come to the meeting?
		彼は会議に来ないといけないですか？
	○	Must he come to the meeting?
		彼はどうしても会議に来ると言ってきかないのですか？

shall	▲	Shall he come to the meeting?
		彼は会議に来ることがあるでしょうか？（未来）
		※しかし、イギリス英語では一般的。

should	○	Should he come to the meeting?
		彼は会議に来たほうがいいですか？

will	◎	***Will he come to the meeting?***
		彼は会議に来るつもりですか？　※意志・未来　➡ 93, 96 ページ
	◎	***Will he come to the meeting?***
		彼は会議に来ますか？　※とっさの判断　➡ 93 ページ
(be going to)	◎	***Is he going to come to the meeting?***
		彼は会議に来る予定ですか？　※3人称の意志　➡ 96 ページ

would	○	Would he come to the meeting?
		彼は会議に来るでしょうか？
	○	Would he come to the meeting?
		彼は会議に来てもらえますか？
	○	Would he come to the meeting?
		彼なら会議に来るかな？（苛立ち）

8．推測・確率など（…するだろう）

It _____ rain tomorrow.

can　　▲　It can rain tomorrow.
　　　　　　明日、雨が降る可能性がある。

　　　　▲　It can rain tomorrow.
　　　　　　明日、雨が降ってもいいや。

could　◎　*It could rain tomorrow.*
　　　　　　明日、雨が降る可能性がある。
　　　　　　※「可能性表現」の程度の違い（雨が降る可能性は低い）　➡ 18 ページ

may　　◎　*It may rain tomorrow.*
　　　　　　明日、雨が降るかもしれない。
　　　　　　※「可能性表現」の程度の違い（雨が降る可能性がある）　➡ 18 ページ

might　◎　*It might rain tomorrow.*
　　　　　　（ひょっとしたら）明日、雨が降るかもしれない。
　　　　　　※「可能性表現」の程度の違い（雨が降る可能性は could よりは高いが、不確実）
　　　　　　➡ 18 ページ

must　　▲　It must rain tomorrow.
　　　　　　明日、間違いなく雨が降る。

shall　　▲　It shall rain tomorrow.
　　　　　　明日、雨が降るだろう。

should　◎　*It should rain tomorrow.*
　　　　　　明日、雨が降るはずだ。
　　　　　　※「可能性表現」の程度の違い（雨が降ることを確信している）　➡ 18 ページ

will	▲	It will rain tomorrow. 明日は雨だ。　※強調
	○	It'll rain tomorrow. 明日、雨が降りそうだ（即断）。
(be going to)	◎	***It's going to rain tomorrow.*** （あらかじめ）明日は雨が降るらしい。　※未来　➡ 93ページ
would	▲	It would rain tomorrow. 明日、雨が降るかもしれない。
	▲	It would rain tomorrow. 明日、雨が降りそうだ（苛立ち）。

一般的に、雨の降る確率は次の順に高くなる。

It could rain tomorrow.
It might rain tomorrow.
It may rain tomorrow.
It'll rain tomorrow.
It's going to rain tomorrow.（予定：いちばんよく使う）
It should rain tomorrow.

can?　could?　may?　might?　must?
shall?　should?　will?　would?

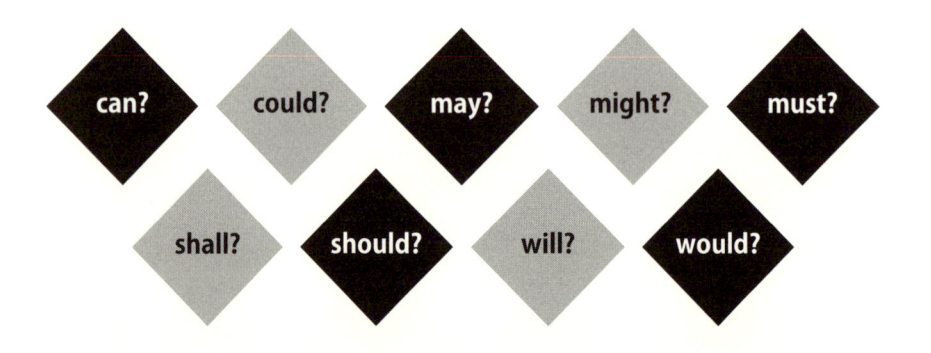

9. 可能・意志など（…できる）

I _____ go for a walk.

can　　○　I can go for a walk.
　　　　　　散歩に行ってもいいよ。

　　　　○　I can go for a walk.
　　　　　　散歩に行けるよ（行くことができる）。

could　◎　***I could go for a walk.***
　　　　　　散歩に行くという手もあるんだね（行けるかもしれない）。
　　　　　　※可能（性）・推量　➡ 18ページ

　　　　▲　I could go for a walk.
　　　　　　（条件によっては）私は散歩に行けるよ。

※ I could go for a walk. は過去の可能ではない。過去の可能を言うのであれば、
　◎ *I was able to go for a walk (yesterday).*（私は［昨日］散歩に行くことができた）　➡ 25ページ

may　　○　I just may go for a walk.
　　　　　　（ちょっと）散歩に行くかもしれない。

might　◎　***I (just) might go for a walk.***
　　　　　　（ひょっとしたらちょっと）散歩に行くかもしれない。
　　　　　　※推量・可能性　➡ 42ページ

must　▲　I must go for a walk.
　　　　　　散歩に行かなくてはいけない。

　　　　▲　I must go for a walk.
　　　　　　どうしても散歩に行かなくては。

| shall | ▲ | I shall go for a walk. |

散歩に行きます。

※イギリス英語では○だが、アメリカ英語ではまず使うことのない古い表現。

| should | ○ | I should go for a walk. |

散歩に行ったほうがいいんだが。

| will | ▲ | I will go for a walk. |

散歩に行きます！

※しかし、イギリス英語では一般的。

| | ○ | I'll go for a walk. |

散歩に行くことにする（即断）。

| (be going to) | ◎ | **I'm going to go for a walk.** |

（あらかじめ）散歩に行くことになっている。　※予定 ➡ 93ページ

| would | ▲ | I would go for a walk. |

私は散歩に行くだろう。

※文法的には使えるが、このフレーズのみでは違和感がある。ただし I would go for a walk, if only I could find my shoes. のような文ならば可能。

| | ○ | I would go for a walk. |

私だったら散歩に行くのに（苛立ち）。

| | ○ | I would go for a walk. |

私はよく散歩に行ったものだ（習慣）。

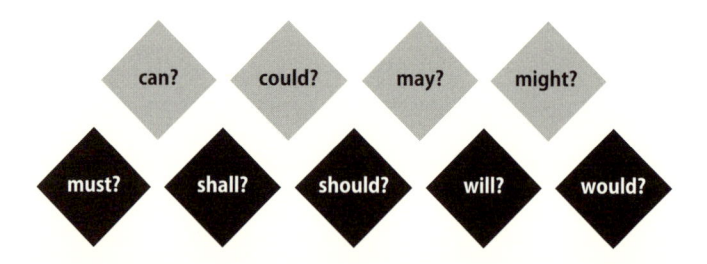

can?　could?　may?　might?

must?　shall?　should?　will?　would?

> **10. 許可・義務など（…できる）**
>
> You ___ leave at 3:00.

can ◎ ***You can leave at 3:00.***
あなたは 3 時に帰れる。　※可能　➡ 3 ページ

◎ ***You can leave at 3:00.***
あなたは 3 時に帰ってもいい。　※許可　➡ 5 ページ

could ○ You could leave at 3:00.
あなたは 3 時に帰れるかもしれない。

○ You could leave at 3:00.
（条件が整えば）3 時に帰ろうと思えば帰れるのに。

○ You could leave at 3:00.
あなたは 3 時に帰ったらどうですか。

may ▲ You may leave at 3:00.
あなたは 3 時に帰ってもよろしい。

might ○ You might leave at 3:00.
（ひょっとしたら）あなたは 3 時に帰るかもしれない。

○ You might leave at 3:00.
3 時に帰ったらどうですか。

must ▲ You must leave at 3:00.
あなたはどうしても 3 時に帰らなければいけないのだ。
※しかし、イギリス英語では一般的。

▲ You must leave at 3:00.
どうしてもあなたは 3 時に帰らないといけない（帰ってもらわないと困る）。

shall	▲	You shall leave at 3:00.
		あなたを3時に帰らせます。
		※イギリス英語では You may leave at 3:00. と同じニュアンスで使う人もいる。

should　◎　***You should leave at 3:00.***
　　　　　　あなたは3時に帰ったほうがいい。　　※提案・助言　➡ 76ページ

　　　　○　You should leave at 3:00.
　　　　　　きっとあなたは3時に帰るだろう。

will　　▲　You will leave at 3:00.
　　　　　　あなたはどうしても3時に帰りたいんだね。

　　　　○　You'll leave at 3:00.
　　　　　　あなたは3時に帰るんだね（即断）。

(be going to)　○　You're going to leave at 3:00.
　　　　　　（あらかじめ）あなたは3時に帰ることになっているんだね。

would　○　You would leave at 3:00.
　　　　　　あなただったら3時に帰るだろう。

　　　　○　You would leave at 3:00.
　　　　　　あなたはいつも3時に帰るんだから（苛立ち）。

　　　　○　You would leave at 3:00.
　　　　　　あなたはよく3時に帰ったものだ（習慣）。

※ほかに次のような表現も可能。

◎ ***You have to leave at 3:00.***　あなたは3時に帰らなくてはいけない。
　　※義務・必要　➡ 53ページ

◎ ***You need to leave at 3:00.***　あなたは3時に帰る必要がある。
　　※客観的必要性　➡ 55ページ

11. 許可など（…してもいいですか？）

_____ I sit here?

can	◎	***Can I sit here?***
		ここに座ってもいい？　※許可　➡6ページ
could	◎	***Could I sit here?***
		ここに座ってもいいですか？　※丁寧な許可願い・依頼　➡27ページ
may	◎	***May I sit here?***
		ここに座ってもいいでしょうか？　※許可　➡33ページ
might	○	Might I sit here?
		ここに座ってもよろしいでしょうか？
		※イギリス英語では一般的だが、アメリカ英語ではやや古い表現。
must	▲	Must I sit here?
		ここに座らなければいけないのですか？（義務）
		※しかし、イギリス英語では一般的。
shall	○	Shall I sit here?
		ここに座りましょうか？
should	◎	***Should I sit here?***
		ここに座ったほうがいい？　※義務・当然　➡76ページ
will	▲	Will I sit here?
		私はここに座ることになっていますか？

would ▲ Would I sit here?
　　　　　私はここに座るのでしょうか？
　　　▲ Would I sit here?
　　　　　私はここに座るのでしょうか？（苛立ち）

※ほかに次のような表現も可能。
◎ ***Would it be okay if I sat here?*** 　ここに座ってもいいですか？
　※許可 ➡ 110 ページ

---

12. 許可・提案など（…できます）

　　You ＿＿ use this computer.

---

can ◎ ***You can use this computer.***
　　　　　あなたはこのコンピュータを使えます（使ってもいいよ）。
　　　　　※許可 ➡ 5 ページ
　　○ You can use this computer.
　　　　　あなたならこのコンピュータを使うことができる。

could ○ You could use this computer.
　　　　　あなたはこのコンピュータを使えるかもしれない。
　　○ You could use this computer.
　　　　　あなたがこのコンピュータを使おうと思えば使えるのに。
　　○ You could use this computer.
　　　　　（条件が整えば）このコンピュータを使えるのに。

may ○ You may use this computer.
　　　　　あなたはこのコンピュータを使ってもよろしい。

	▲	You may use this computer. あなたがこのコンピュータを使うことになるかもしれない。
might	○	You might use this computer. あなたがこのコンピュータを使ったらどうですか。 ※しかし、イギリス英語では一般的。
	▲	You might use this computer. あなたがこのコンピュータを使ってくれてもいいのに。
must	▲	You must use this computer. あなたはこのコンピュータを使わないといけない。
	▲	You must use this computer. ぜひあなたにこのコンピュータを使ってほしい。
shall	▲	You shall use this computer. あなたにこのコンピュータを使わせてあげよう。 ※イギリス英語では一般的だが、アメリカ英語ではまず使わない。
should	○	You should use this computer. あなたはこのコンピュータを使ったほうがいい。
will	▲	You will use this computer. あなたにこのコンピュータを使ってもらうからね。
	○	You'll use this computer. じゃ、きみがこのコンピュータを使って（即断）。
(be going to)	○	You're going to use this computer. （あらかじめ）あなたがこのコンピュータを使うことになっています。
would	▲	You would use this computer. あなたがこのコンピュータを使うでしょう。

▲ You would use this computer.
あなたならこのコンピュータを使うだろうに（苛立ち）。

▲ You would use this computer.
あなたはよくこのコンピュータを使ったものだ（習慣）。

---

13. 可能・推量・提案など（…できる・しましょう）

I ＿＿ send a fax.

---

can ◎ ***I can send a fax.***
　　　　ファックスを送ってもいいですよ（ファックスを送りましょうか？）。
　　　　※自発性　➡ 4ページ

　　○ I can send a fax.
　　　　ファックスを送ることが可能だ。

could ◎ ***I could send a fax.***
　　　　私がファックスを送れるかもしれない。　※可能（性）・推量　➡ 18ページ

　　◎ ***I could send a fax.***
　　　　私がファックスを送ろうと思えば送れるよ。　※可能（性）　➡ 18ページ

　　◎ ***I could send a fax.***
　　　　私だったらファックスを送れるのに。※仮定　➡ 16ページ

may ▲ ***I may send a fax.***
　　　　私がファックスを送るかもしれない。

might ○ ***I might send a fax.***
　　　　（ひょっとしたら）私がファックスを送るかもしれない。

must ▲ ***I must send a fax.***
　　　　私がファックスを送らなくてはいけない。

	▲	I must send a fax.
		私はファックスをどうしても送りたい。
shall	▲	I shall send a fax.
		私が絶対にファックスを送ります（意志）。
		※しかし、イギリス英語では一般的。
should	○	I should send a fax.
		私がファックスを送ったほうがいい（だが、やらないだろう）。
will	▲	I will send a fax.
		私がファックスを送ります（絶対に）。
	◎	***I'll send a fax.***
		私がファックスを送りましょう（即断）。 ※とっさの判断 ➡ 92 ページ
(be going to)	○	I'm going to send a fax.
		（あらかじめ）私がファックスを送ることになっている。
would	○	I would send a fax.
		私だったらファックスを送る。
	▲	I would send a fax.
		私ならファックスを送るだろうに（苛立ち）。
	▲	I would send a fax.
		私がよくファックスを送ったものだ（習慣）。

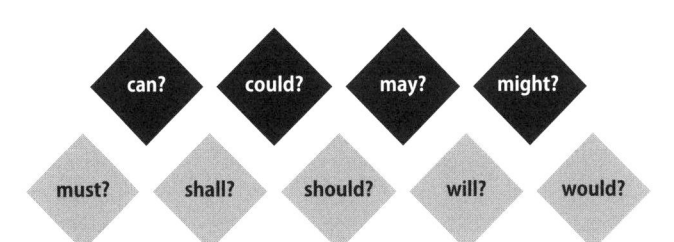

can?　could?　may?　might?

must?　shall?　should?　will?　would?

14. 可能・提案・許可など（…できます）

You ＿＿＿ ask Mike.

can ◎ **You can ask Mike.**
マイクに聞けます（聞くことができるだろう）。　※可能(性)・推量　➡3ページ

　　　◎ **You can ask Mike.**
マイクに聞いてもいいです（聞いてもかまいません）。　※許可　➡5ページ

could ◎ **You could ask Mike.**
マイクに聞けるかもしれない。　※可能(性)・推量　➡18ページ

　　　◎ **You could ask Mike.**
マイクに聞こうと思えば聞けるのに（聞いたら？）。　※提案　➡17ページ

　　　◎ **You could ask Mike.**
（条件が整えば）あなたがマイクに聞けるのに（実際にはできない）。
※仮定　➡16ページ

may ○ You may ask Mike.
マイクに聞いてもいいですよ。

might ◎ **You might ask Mike.**
マイクに聞いたらどうですか。　※提案　➡44ページ

　　　○ You might ask Mike.
マイクに聞いてもよさそうなものだ（不満）。

must ▲ You must ask Mike.
マイクに聞かなくてはいけない（必要）。

　　　▲ You must ask Mike.
どうしてもマイクに聞かなくてはいけない（義務）。

	▲	You must ask Mike.
		ぜひマイクに聞いてほしい。

shall	▲	You shall ask Mike.
		マイクに聞きなさい。

should	◎	***You should ask Mike.***
		マイクに聞いたほうがいい。 ※助言 ➡ 76ページ
	◎	***You should ask Mike.***
		あなたはきっとマイクに聞くだろう。 ※推定・見込み ➡ 80ページ

will	▲	You will ask Mike.
		マイクに聞きたいんですね。
	▲	You'll ask Mike.
		じゃあ、あなたがマイクに聞くんだね（即断）。
(be going to)	▲	You're going to ask Mike.
		（あらかじめ）マイクに聞くつもりですね。

would	▲	You would ask Mike.
		あなただったらマイクに聞くでしょう。
	▲	You would ask Mike.
		どうせあなたはマイクに聞くんだから（苛立ち）。
	▲	You would ask Mike.
		あなたはよくマイクに聞いたものだ（習慣）。

◆ can? ◆ could? ◆ may? ◆ might? ◆ must? ◆ shall? ◆ should? ◆ will? ◆ would?

15. 可能・許可・意志など（…できる）

I _____ buy this phone.

can	◎	***I can buy this phone.***
		この電話を買うお金がある。　※可能 ➡ 3ページ
	◎	***I can buy this phone.***
		この電話を買うことが許されている。　※許可 ➡ 5ページ
could	○	I could buy this phone.
		私だったらこの電話を買えるでしょう。
	○	I could buy this phone.
		この電話を買おうと思えば買えるのに。
	○	I could buy this phone.
		（条件が整えば）私ならこの電話を買えるのに。
may	▲	I may buy this phone.
		この電話を買うかもしれない。
	▲	I may buy this phone.
		この電話を買うことが許されている。
might	○	I might buy this phone.
		（ひょっとしたら）この電話を買うかもしれない。
must	▲	I must buy this phone.
		この電話を買わなければいけない。
	▲	I must buy this phone.
		どうしてもこの電話を買う（義務・必要）。

| shall | ▲ | I shall buy this phone. |

この電話を買うことにしましょう。
※しかし、イギリス英語では一般的。

| should | ○ | I should buy this phone. |

（あなたではなく）私がこの電話を買ったほうがいい。

| | ○ | I should buy this phone. |

私はきっとこの電話を買うだろう。

| will | ▲ | I will buy this phone. |

私がこの電話を買います（絶対に）。

| | ◎ | *I'll buy this phone.* |

この電話を買うことにした（即断）。　※とっさの判断 ➡ 92ページ

| (be going to) | ◎ | *I'm going to buy this phone.* |

（あらかじめ）私はこの電話を買うつもりです。　※予定 ➡ 93ページ

| would | ○ | I would buy this phone. |

私はこの電話を買うでしょう。

| | ○ | I would buy this phone. |

私ならこの電話を買うだろうに（苛立ち）。

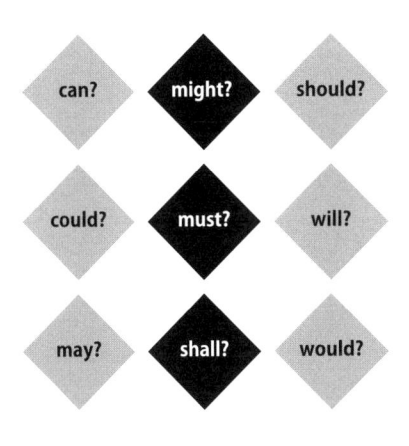

can?　might?　should?
could?　must?　will?
may?　shall?　would?

> **16. 過去の推量など（…したかもしれない）**
>
> I ____ have studied English every day last week.

can   ×

could   ▲   I could have studied English every day last week.
先週、毎日英語を勉強できたかもしれない（現実とは反する内容）。

◎   ***I could have studied English every day last week.***
（条件が整えば）先週、毎日英語を勉強できたのに（やらなかった）。
※（条件つき）過去の仮定法（過去に対する後悔） ➡ 21ページ

may   ▲   I may have studied English every day last week.
先週、毎日英語を勉強できたかもしれないのに（やらなかった）。

might   ▲   I might have studied English every day last week.
（ひょっとしたら）先週、毎日英語を勉強できたかもしれない。

must   ▲   I must have studied English every day last week.
（覚えていないが）先週、毎日英語を勉強したに違いない。

shall   ×

should   ○   I should have studied English every day last week.
先週、毎日英語を勉強すればよかったのに（やらなかった）。

will   ×

would   ○   I would have studied English every day last week.
私なら先週、毎日英語を勉強したでしょう。

▲ I would have studied English every day last week.
先週、私なら毎日英語を勉強したでしょうに（苛立ち）。

---

17. 可能・提案・許可など（…できる）

You ＿＿＿ do it.

---

can ◎ ***You can do it.***
あなたはできる。　※可能　➡ 3-4 ページ

◎ ***You can do it.***
やってもいいよ（あなたがやりたいなら、やってもかまわない）。
※許可　➡ 5 ページ

◎ ***You can do it.***
あなたならできるよ！　※可能（性）　➡ 3 ページ

○ You can do it.
あなた、それやって（僕は嫌だ）。

could ○ You could do it.
あなたならできるかもしれない。

○ You could do it.
あなたがやろうと思えばできるのに。

○ You could do it.
（条件が整えば）あなたならできるのに。

may ○ You may do it.
やってもよろしい。

▲ You may do it.
あなたがやるかもしれない。

might	▲	You might do it.
		やったらどうですか。
		※しかし、イギリス英語では一般的。
	▲	You might do it.
		あなたならやってもよさそうなものだ。　※勧誘・思いやり　➡ 59 ページ
must	○	You must do it.
		あなたはやらなくてはいけない。
	○	You must do it.
		あなたは絶対にやらないと（楽しいよ！）。（勧誘・思いやり）
shall	▲	You shall do it.
		やりたまえ。
should	◎	**You should do it.**
		あなたはやったほうがいい。　※義務・当然・助言　➡ 76 ページ
	◎	**You should do it.**
		あなたはやるべきだ（何でやらないの？）。　※提案・嫌味　➡ 81 ページ
will	▲	You will do it.
		あなたがやりなさい（わかった？）。
	▲	You'll do it.
		あなたがやるでしょう（即断）。
(be going to)	◎	**You're going to do it.**
		（あらかじめ）あなたがやることになっている。　※予定　➡ 93 ページ
would	○	You would do it.
		あなたならそれをやるでしょう。
	○	You would do it.
		あなたならやりそうなことだ（苛立ち）。

18. 許可・可能・推測・義務など（…できる）

Tom ___ invite her.

can　　○　Tom can invite her.
　　　　　　トムは彼女を招待できる。

　　　　○　Tom can invite her.
　　　　　　トムが彼女を招待してもいいよ。

could　◎　**Tom could invite her.**
　　　　　　トムは彼女を招待できるかもしれない。　※可能（性）・推量　➡ 18 ページ

　　　　◎　**Tom could invite her.**
　　　　　　トムが彼女を招待しようと思えばできるのに。　※仮定　➡ 16 ページ

　　　　◎　**Tom could invite her.**
　　　　　　トムなら彼女を招待できるでしょう。　※提案・助言　➡ 17 ページ

may　　▲　Tom may invite her.
　　　　　　トムが彼女を招待するかもしれない。

　　　　▲　Tom may invite her.
　　　　　　トムが彼女を招待してもいい。

might　○　Tom might invite her.
　　　　　　（ひょっとしたら）トムが彼女を招待するかもしれない。

must　　▲　Tom must invite her.
　　　　　　トムは彼女を招待しなければいけない。

　　　　▲　Tom must invite her.
　　　　　　どうしてもトムに彼女を招待してもらいたい。

shall	▲	**Tom shall invite her.**

トムが彼女を招待するでしょう。
※イギリス英語では一般的だが、アメリカ英語では古い表現。

should	◎	***Tom should invite her.***

トムが彼女を招待したほうがいい。　　※当然・助言　➡ 76 ページ

◎ ***Tom should invite her.***

トムはきっと彼女を招待するだろう。
※推定・見込み・期待　➡ 80 ページ

will	▲	**Tom will invite her.**

トムは彼女を招待するつもりでしょう。

○ **Tom'll invite her.**

トムが彼女を招待するよ（即断）。

(be going to)	◎	***Tom's going to invite her.***

（あらかじめ）トムが彼女を招待することになっています。
※予定　➡ 93 ページ

would	○	**Tom would invite her.**

トムは彼女を招待するでしょう。

○ **Tom would invite her.**

トムなら彼女を招待しそうなものだ（苛立ち）。

```
  can?    might?   should?
  could?  must?    will?
  may?    shall?   would?
```

19. 提案・許可など（…しましょうか？）

_____ we sit down?

can ◎ ***Can we sit down?***
　　　　　座りましょうか？　※提案　➡ 26 ページ

　　　○ Can we sit down?
　　　　　座ることが許されていますか？

could ◎ ***Could we sit down?***
　　　　　よかったら座りませんか？　※提案　➡ 26 ページ

may ▲ May we sit down?
　　　　　座ってもいいですか？

　　　▲ May we sit down?
　　　　　座りましょうか？

might ○ Might we sit down?
　　　　　座ってもいいですか？
　　　　　※イギリス英語では一般的だが、アメリカ英語ではやや古い表現。

must ▲ Must we sit down?
　　　　　座らないといけないのですか？

　　　▲ Must we sit down?
　　　　　どうしても座るのですか（座らないといけないですか）？

shall ◎ ***Shall we sit down?***
　　　　　座りましょうか？　※丁寧な誘い　➡ 71 ページ

should	◎	***Should we sit down?***	
		座ったほうがいいですか？　※当然　➡ 76 ページ	

will	▲	Will we sit down?	
		座ることになっていますか？	
	▲	Will we sit down?	
		座りますか？（即断）	
(be going to)	○	Are we going to sit down?	
		（あらかじめ）座る予定になっていますか？	

would	▲	Would we sit down?	
		（私たちだったら）座りますか？	
	▲	Would we sit down?	
		私たちが座るんですか？（苛立ち）	

20.　依頼・確認など（…してもらえますか？）

　　_____ you stop doing that?

---

can	○	Can you stop doing that?	
		それをやめてもらえますか（やめてもらえませんか）？	

could	◎	***Could you stop doing that?***	
		それをやめていただけませんか？　※控えめな依頼　➡ 27 ページ	

may	▲	May you stop doing that?	
		それをやめるのが許されていますか？	

might	▲	Might you stop doing that?
		それをやめてはいかがでしょうか？

must	▲	Must you stop doing that?
		それをどうしてもやめなければいけないですか？

shall	▲	Shall you stop doing that?
		それをやめることになっておられますか？

should	▲	Should you stop doing that?
		それをやめたほうがいいですか？

will	▲	Will you stop doing that?
		それをやめるつもりですか？
	▲	Will you stop doing that?
		それをやめてもらえない？（即断）

(be going to)	○	Are you going to stop doing that?
		（あらかじめ）それをやめる予定ですか？（予定）

would	◎	**Would you stop doing that?**
		それをやめていただけないでしょうか？　※（丁寧な）依頼　➡ 115 ページ
	▲	Would you stop doing that?
		あなただったらそれをやめる？（苛立ち）

can?　could?　may?　might?　must?　shall?　should?　will?　would?

> **21. 推測・義務など（…かもしれない）**
>
> I think Mike _____ help us.

can ◎ ***I think Mike can help us.***
　　　　マイクなら私たちを助けられるよ。　　※可能(性)・推量　➡ 3ページ

could ◎ ***I think Mike could help us.***
　　　　マイクは私たちを助けられるかもしれない。　　※可能(性)・推量　➡ 18ページ

　　　○ I think Mike could help us.
　　　　マイクが私たちを助けようと思えばできるのに。

　　　○ I think Mike could help us.
　　　　（条件が整えば）マイクは私たちを助けられるのに。

may ▲ I think Mike may help us.
　　　　マイクは私たちを助けてくれるかもしれない。
　　　　※曖昧な言い方となるため、ネイティブはこのような言い方を避ける。

might ◎ ***I think Mike might help us.***
　　　　（ひょっとしたら）マイクは私たちを助けてくれるかもね。
　　　　※推量・可能性　➡ 42ページ

must ▲ I think Mike must help us.
　　　　マイクは私たちを助けなければいけないよ。

　　　▲ I think Mike must help us.
　　　　どうしてもマイクは私たちを助けるよ。

shall ▲ I think Mike shall help us.
　　　　マイクは私たちを助けるであろうと思う。

should	○	I think Mike should help us.
		マイクは私たちを助けたほうがいいと思う。
will	◎	*I think Mike will help us.*
		マイクは私たちを助けると思う。　※推量　➡ 99ページ
(be going to)	◎	*I think Mike's going to help us.*
		（あらかじめ）マイクは私たちを助けるつもりだと思う。
		※未来の予定　➡ 93ページ
would	◎	*I think Mike would help us.*
		マイクはたぶん私たちを助けてくれるんじゃないか。
		※控えめな推量　➡ 113ページ
	▲	I think Mike would help us.
		マイクなら私たちを助けそうなものだが（苛立ち）。

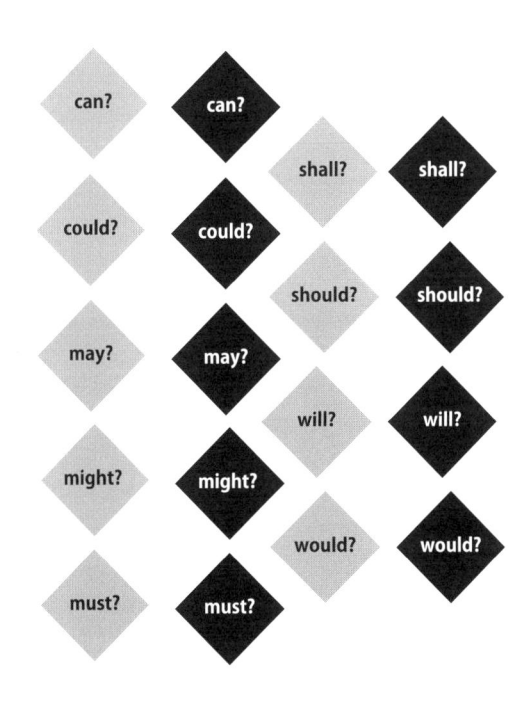

can? can?
　　shall? shall?
could? could?
　　should? should?
may? may?
　　will? will?
might? might?
　　would? would?
must? must?

第3章

助動詞の問題

助動詞の問題に挑戦！

まとめとして、英語の名言の中で助動詞がどのように使われているか見ていきましょう。

【問題】
次の各文の下線部にあてはまる助動詞を答えなさい。
※解答以外の助動詞があてはまる場合もありますが、ここではあくまで名言として伝わっている文中の助動詞を正解とします。

1.
Prejudice is a great time saver. You ＿＿＿ form opinions without having to get the facts.
偏見というものはかなりの時間の節約になる。事実を知らずに自分の意見を持てるのだから。（E. B. ホワイト）

2.
You ＿＿＿ delay, but time will not.
あなたは遅れるかもしれないが、時間は遅れない。（ベンジャミン・フランクリン）

3.
Life is like riding a bicycle. To keep your balance you ＿＿＿ keep moving.
人生とは自転車に乗るようなものだ。倒れぬためにこぎ続けなければならない。
（アルバート・アインシュタイン）

正解：can

Prejudice is a great time saver. You **can** form opinions without having to get the facts. (Elwyn Brooks White)

正解：may

You **may** delay, but time will not. (Benjamin Franklin)

正解：must

Life is like riding a bicycle. To keep your balance you **must** keep moving. (Albert Einstein)

4.
Let him who _____ enjoy a good future waste none of his present.
明るい未来を享受したい者は、今の時間を1秒たりとも浪費してはいけない。
（ロジャー・バブソン）

5.
Nothing _____ work unless you do.
行動しない限り何も進まない。（マヤ・アンジェロー）

6.
People who say it cannot be done _____ not interrupt those who are doing it.
絶対にむりだと言う人は、それをやっている人の邪魔をするべきではない。
（ジョージ・バーナード・ショー）

7.
It is never too late to be what you _____ have been.
なりたかった自分になるのに、遅すぎるということはない。
（ジョージ・エリオット）

8.
You _____ be the change you wish to see in the world.
あなたがこの世で目にしたい変化に、あなた自身がならなくてはいけない。
（マハトマ・ガンジー）

正解：would

Let him who **would** enjoy a good future waste none of his present. (Roger Babson)

正解：will

Nothing **will** work unless you do. (Maya Angelou)

正解：should

People who say it cannot be done **should** not interrupt those who are doing it. (George Bernard Shaw)

正解：might

It is never too late to be what you **might** have been. (George Eliot)

正解：must

You **must** be the change you wish to see in the world. (Mahatma Gandhi)

9.
_____ a greater miracle take place than for us to look through each other's eyes for an instant?
一瞬でもおたがいの目をのぞき込めば、人間はすばらしい奇跡を起こせるだろうに。
（ヘンリー・デイビッド・ソロー）

10.
Aim for the moon. If you miss, you _____ hit a star.
月を狙え。もし外しても、星を撃てるかもしれない。
（W・クレメント・ストーン）

11.
Never, never and never again _____ it be that this beautiful land will again experience the oppression of one by another.
この美しい世界は、人から人への迫害を２度と決して繰り返してはならない。
（ネルソン・マンデラ）

12.
To accomplish great things, we _____ not only act, but also dream; not only plan, but also believe.
偉大なことを成し遂げるには、行動するだけでなく夢を見なければいけない、計画するだけでなく信じなければいけない。（アナトール・フランス）

正解：Could
Could a greater miracle take place than for us to look through each other's eyes for an instant? (Henry David Thoreau)

正解：may
Aim for the moon. If you miss, you **may** hit a star.
　(W. Clement Stone)

正解：shall
Never, never and never again **shall** it be that this beautiful land will again experience the oppression of one by another.
　(Nelson Mandela)

正解：must
To accomplish great things, we **must** not only act, but also dream; not only plan, but also believe. (Anatole France)

13.
For all sad words of tongue and pen, the saddest are these, "It _____ have been".
話し言葉や書き言葉でいちばん悲しい言葉はこれだ。「そうすればよかった」。
（ジョン・グリーンリーフ・ホイッティア）

....

14.
Failure _____ never overtake me if my determination to succeed is strong enough.
私の決意が成功するのに十分であれば、失敗に負けることは絶対にないだろう。
（オグ・マンディーノ）

....

15.
We _____ never know all the good that a simple smile can do.
ちょっとした笑顔は、私たちが想像できないほどのすばらしい可能性をすべて秘めている。
（マザー・テレサ）

....

16.
If we _____ read the secret history of our enemies, we _____ find in each man's life sorrow and suffering enough to disarm all hostility.
敵の隠された歴史を読むことができたら、すべての敵意をなくすに十分な悲しみと苦しみをおたがいの人生に見つけるはずだ。（ヘンリー・ワーズワース・ロングフェロー）

....

正解：might
For all sad words of tongue and pen, the saddest are these, "It **might** have been". (John Greenleaf Whittier)

正解：will
Failure **will** never overtake me if my determination to succeed is strong enough. (Og Mandino)

正解：shall
We **shall** never know all the good that a simple smile can do. (Mother Teresa)

正解：could, should
If we **could** read the secret history of our enemies, we **should** find in each man's life sorrow and suffering enough to disarm all hostility. (Henry Wadsworth Longfellow)

17.
If a lion ____ talk, we ____ not understand him.
もしライオンが話せたとしても、われわれはライオンの言うことを理解できないだろう。
　（ルートヴィヒ・ウィトゲンシュタイン）

18.
In order to succeed, we ____ first believe that we ____ .
成功するには、まず自分が成功できると信じなければいけない。
　（ニコス・カザンザキス）

19.
I ____ prepare and some day my chance ____ come.
備えていれば、いつか私にチャンスが訪れるだろう。（エイブラハム・リンカーン）

20.
If man ____ be crossed with the cat, it ____ improve man but deteriorate the cat.
人と猫をかけあわせることができたら、人は改良されるが猫は悪くなるだろう。
　（マーク・トウェイン）

正解：could, could
If a lion *could* talk, we *could* not understand him.
　(Ludwig Wittgenstein)

正解：must, can
In order to succeed, we *must* first believe that we *can*.
　(Nikos Kazantzakis)

正解：will, will
I *will* prepare and some day my chance *will* come.
　(Abraham Lincoln)

正解：could, would
If man *could* be crossed with the cat, it *would* improve man but deteriorate the cat.　(Mark Twain)

● 著者紹介 ●

デイビッド・セイン（David A. Thayne）

　1959年アメリカ生まれ。カリフォルニア州アズサパシフィック大学（Azusa Pacific University）で、社会学修士号取得。証券会社勤務を経て、来日。日米会話学院、バベル翻訳外語学院などでの豊富な教授経験を活かし、現在までに110冊以上、累計300万部の著作を刊行している。日本で25年以上におよぶ豊富な英語教授経験を持ち、これまで教えてきた日本人生徒数は数万人に及ぶ。英会話学校経営、翻訳、英語書籍・教材制作などを行なうクリエーター集団AtoZ（www.atozenglish.jp）の代表も務める。著書に、『ネイティブが教える　英語の形容詞の使い分け』『ネイティブが教える　ほんとうの英語の冠詞の使い方』『ネイティブが教える　英語の動詞の使い分け』『ネイティブが教える 英語の語法とライティング』（研究社）、『爆笑！英語コミックエッセイ　日本人のちょっとヘンな英語』『「ごちそうさま」を英語で言えますか？（学校では教えてくれなかった英語）』（アスコム）、『英語ライティングルールブック――正しく伝えるための文法・語法・句読法』（DHC）、『その英語、ネイティブにはこう聞こえます』（主婦の友社）、『ネイティブはこう使う！マンガでわかる前置詞』（西東社）など多数。

古正佳緒里（ふるしょう　かおり）

● 執筆協力 ●
Malcolm Hendricks

● 調査 ●
有馬さとこ・潮裕子・北綾子・小俣鐘子
小山克昌・杉山まどか・高橋美保・吉富節子

● イラスト ●
ヨシダミツキ

● 編集協力 ●
杉山まどか

ネイティブが教える
ほんとうの英語の助動詞の使い方
Mastering English Helping Verbs

● 2014年3月11日　初版発行 ●
● 2024年4月12日　4刷発行 ●

● 著者 ●

デイビッド・セイン（David A. Thayne）
古正 佳緒里（AtoZ）

Copyright © 2014 by AtoZ

発行者　●　吉田尚志

発行所　●　株式会社　研究社

〒 102-8152　東京都千代田区富士見 2-11-3

電話　営業 03-3288-7777（代）　編集 03-3288-7711（代）

振替　00150-9-26710

https://www.kenkyusha.co.jp/

KENKYUSHA

装丁　●　久保和正

組版・レイアウト　●　AtoZ

印刷所　●　図書印刷株式会社

ISBN 978-4-327-45260-5 C0082　Printed in Japan

価格はカバーに表示してあります。
本書のコピー、スキャン、デジタル化等の無断複製は、著作権法上での例外を除き、禁じられています。
また、私的使用以外のいかなる電子的複製行為も一切認められていません。
落丁本、乱丁本はお取り替え致します。
ただし、古書店で購入したものについてはお取り替えできません。

研究社の出版案内

大好評!! セイン先生がずばり教えます!

デビッド・セイン

ネイティブが教える
英語の形容詞の使い分け

デイビッド・セイン
古正佳緒里〔著〕
A5判 並製 224頁
ISBN978-4-327-45256-8

状況に応じた英語の形容詞の使い分けを教えます。
同じ意味の形容詞から、ネイティブがよく使うと思われる5語を選び、それぞれのニュアンスの違いを例文を示しながら説明します。

ネイティブが教える
ほんとうの英語の冠詞の使い方

デイビッド・セイン
森田 修・古正佳緒里〔著〕
A5判 並製 166頁
ISBN978-4-327-45253-7

冠詞はむずかしくない。
「山ほどの例文とネイティブの解釈」をセットにして繰り返し読むことで、感覚的に「ネイティブの冠詞の使い方」が身につきます。

ネイティブが教える
英語の動詞の使い分け

デイビッド・セイン
森田 修・古正佳緒里〔著〕
A5判 並製 288頁
ISBN978-4-327-45247-6

この状況、文脈では、どんな動詞をあてるべきか?
日本人が理解しにくいこの問題を、セイン先生が、多くのネイティブに調査したうえで教えてくれます!

ネイティブが教える
英語の語法とライティング

デイビッド・セイン〔著〕

日本人が英訳の際に間違えてしまう微妙な日本語の言いまわしを、わかりやすく英訳・解説!
文法的に正しい英文を書きたい人へ。　　A5判 並製 280頁　ISBN978-4-327-45240-7